大学と社会を結ぶ
科学コミュニケーション

小林俊哉

九州大学出版会

序

　民主党政権時代に内閣府副大臣，厚生労働副大臣を歴任した大塚耕平参議院議員は，近著『「賢い愚か者」の未来』（2018年）の中で，「自然科学は客観性が高く，人間社会への貢献度が高いと言われるが，果たして本当にそうか。『自然科学の王様』である物理学は核兵器を生み出した」と記している。このような科学者，とりわけ物理学者の社会的責任を厳しく問う声は，古くは文学者唐木順三（1904年〜1980年）の『「科学者の社会的責任」についての覚え書』（1980年）に遡ることができるし，さらに「ラッセル・アインシュタイン宣言」（1955年）に遡ることができる。

　そうした声を背景としながらも，科学技術の発展は21世紀に入り，その社会への影響力をいよいよ強めている。バイオテクノロジーは，生物のゲノム編集を可能にし，自然界に存在しない形質を備えた生物の創造や，人体・身体機能の改変さえも可能にしようとしている。AI（汎用人工知能）は，人間から多くの雇用を奪うかもしれないと危惧されている。また科学研究は，前世紀の半ばから多大な費用を必要とする巨大科学へと変貌した。宇宙開発や高エネルギー粒子加速器などは，その象徴であるが，それらの研究は政府関係機関によって進められ，税金によって賄われることが多い。巨大加速器国際リニアコライダー（ILC）の日本誘致が話題になったのは，比較的最近のことである。ILC は十年の建設期間と 8,300 億円の建設費を見込まれる巨大プロジェクトである。

わが国の科学技術イノベーション政策を規定した「第4期科学技術基本計画」(2011年)には,「社会と科学技術イノベーションとの関係深化」という一節がある。そこには,国民と政府,研究機関,研究者との間で認識を共有するための双方向コミュニケーション活動が重要であると書かれている。この記述は,納税者である国民と科学技術研究を担う関係者の相互理解がなければ,これからの科学技術の発展は望めないという問題意識に立脚している。では,どうすれば,そのような双方向のコミュニケーション活動を活発化できるだろうか。特にわが国の大学及び公的研究機関の内部ではどのような努力が求められるのだろうか。これらを明らかにすることが,本書の目的である。本書では,上記の双方向コミュニケーション活動を「科学コミュニケーション活動」と規定する。

　1995年に科学技術基本法が制定され,翌年の1996年に「第1期科学技術基本計画」がスタートすると,それ以降2018年現在に至るまで科学技術予算は急激に膨張した。第1期から第4期までの科学技術予算は総額で90兆円近い金額に達している。この予算は全て国民の税金である。そのため文部科学省も税金からの研究助成を受ける研究者に対し,納税者である国民に対して,分かりやすく研究成果を伝える科学コミュニケーション活動を進めることを推奨した。その一方で,2005年以降,市民や若手研究者によるボトムアップなサイエンスカフェ開催などによる科学コミュニケーション活動の機運が急激に高まった。

　2009年には,当時の民主党政権から科学技術予算膨張の正当性に対する問いかけが行われた。行政刷新会議の事業仕分けである。日本の研究者社会は,こうした政治や社会からの問いかけに誠実に応えていく必要が生じた。同時に科学技術基本計画下で競争的研究環境が醸成され,研究者は競争的研究資金を獲得するために熾烈な競争を強いられた。またポスドク等の不安定な有期雇用の研究者が増加した。こうした環境下で,STAP細胞問題(2014年)に象徴されるような研究不正事件が,

2000 年代以降頻発するようになった。公的資金により研究費を交付されている研究者は社会へ向けた説明責任を果たすことがさらに強く求められるようになった。ここでも科学コミュニケーション活動が一層の重要性を増すことになったのである。

科学コミュニケーション研究は、こうした社会情勢を背景に、2000 年代初頭からわが国でも活発化している。先行研究では、主要なアクターである研究者の科学コミュニケーション能力の育成強化や、研究者と社会を結ぶ「科学コミュニケーター」の育成などのテーマが重要視され国内外で活発に様々な研究が推進されている。しかし大学及び公的研究機関の組織活動としての科学コミュニケーション活動に焦点が当てられた研究は少なかった。本書では、大学及び公的研究機関の組織活動としての科学コミュニケーション活動の社会調査による実態把握を行った結果をもとに、大学等研究機関と社会を結ぶ科学コミュニケーション活動活性化に必要な方策を明らかにし、関係者への提言を行う。

第 1 章では、科学コミュニケーション活動の定義を明らかにし、その歴史を紹介する。特に 1996 年以降現在に至る、わが国の科学技術政策の根幹を規定した科学技術基本計画下で推進された政府主導の科学コミュニケーション政策を概観する。

第 2 章では、2010 年に、国内の国公私立大学及び独立行政法人研究機関などの公的研究機関の合計 150 機関の広報担当者に対して実施した質問票調査の結果により、各研究機関において科学コミュニケーション活動が、どのように実施されているかを明らかにする。

第 3 章と第 4 章では、第 2 章で概要を紹介した大学及び公的研究機関向け質問票調査で入手したデータの統計解析をもとに大学及び公的研究機関とそこに所属する研究者の科学コミュニケーション活動における協力関係に焦点を当て、広報体制特に広報部門・広報担当者と研究者の協力関係の分析を行った結果を紹介する。

第 5 章では、著者が所属する国立大学法人 九州大学（以下、九州大

学）を事例として大学の広報体制と所属研究者の協力関係について，同大学の広報担当者へのインタビュー調査を実施し，得られた知見をもとに前章までに明らかになった知見のより詳細な検討を行う。

第6章では，研究機関，特に大学における社会的ニーズ収集の取り組みの事例を検討し，そうした研究機関の取り組みの効用について明らかにする。石川県能美市に立地する国立大学法人 北陸先端科学技術大学院大学を事例に，その実態を明らかにする。

第7章では，わが国において近年頻発している研究不正事件を背景に，研究倫理教育に科学コミュニケーション活動を応用する教育実践として，九州大学の大学院教育プログラムを事例に，その可能性を明らかにする。

第8章では，以上の研究において明らかになった事実をもとに，わが国の科学コミュニケーション活動を活性化させていく上で必要な組織的要因を，質問票調査結果と事例研究の結果をもとに振り返り，考察を加え，結論と今後の展望を述べる。

目　　次

序 ……………………………………………………………………… i

第 1 章　科学コミュニケーションの歴史と課題 ……………… 1
1.1　科学コミュニケーションの定義 ……………………………… 1
1.2　科学コミュニケーションの歴史 ……………………………… 3
1.3　科学技術基本計画と科学コミュニケーション …………… 15
1.4　科学コミュニケーション研究の課題 ……………………… 19
1.5　本章のまとめ ………………………………………………… 26

第 2 章　大学及び公的研究機関における科学コミュニケー
　　　　　ション活動の実態 ……………………………………… 29
2.1　質問票調査の概要 …………………………………………… 30
2.2　調査項目の設計 ……………………………………………… 31
2.3　調査結果の概要 ……………………………………………… 34
2.4　本章のまとめ ………………………………………………… 41

第 3 章　大学及び公的研究機関向け質問票調査結果の統計
　　　　　解析（1）──広報体制と研究者の協力── ……… 45
3.1　科学コミュニケーション活動への研究者の協力要因 ……… 45
3.2　統計解析の方法 ……………………………………………… 47
3.3　分 析 結 果 …………………………………………………… 48

3.4 本章のまとめ ……………………………………………… 53

第4章 大学及び公的研究機関向け質問票調査結果の統計解析（2）──報道機関との連携，危機管理と研究者の協力── …………………………………………… 55

4.1 報道機関との連携，被報道状況モニタリング，危機管理の重要性 ………………………………………… 55

4.2 統計解析の方法 ………………………………………… 57

4.3 分 析 結 果 ……………………………………………… 59

4.4 本章のまとめ …………………………………………… 63

第5章 広報体制の事例分析 ──九州大学の事例をもとに──
……………………………………………………… 65

5.1 広報体制検討の課題 …………………………………… 65

5.2 調査の概要 ……………………………………………… 67

5.3 調 査 結 果 ……………………………………………… 68

5.4 本章のまとめ …………………………………………… 73

第6章 社会的ニーズ収集具体例の事例分析 ──北陸先端科学技術大学院大学の事例をもとに── ……………… 75

6.1 北陸先端科学技術大学院大学（JAIST）の概要と課題 ……… 75

6.2 社会イノベーション事業の端緒 ……………………… 77

6.3 地域社会のニーズを収集する方法としての学官連携協定 …… 78

6.4 学官連携協定を基礎とする科学コミュニケーション活動としてのサイエンスカフェ………………………………… 81

6.5 4年間の実践結果の考察──大学が社会的ニーズを収集するために必要な組織基盤 ……………………………… 84

6.6 本章のまとめ …………………………………………… 87

第7章　科学コミュニケーションの応用的展開
　　　　——研究倫理教育への応用の可能性—— …………… 89
7.1　研究不正と科学研究への社会的信頼の低下 ……………… 90
7.2　日本で頻発する研究不正事件 ……………………………… 90
7.3　日本政府の対応 ——「研究活動における不正行為への対応等に
　　　関するガイドライン」の策定 …………………………… 92
7.4　e-learning とテストクイズ形式による研究倫理教育 ……… 93
7.5　CITI JAPAN PROGRAM の効用と課題 …………………… 94
7.6　科学コミュニケーションを応用した研究倫理教育の実践 …… 94
7.7　実際に大学院生の倫理感は向上したか …………………… 97
7.8　本章のまとめ ………………………………………………… 98

第8章　考察と結論，今後の展望 ……………………………… 101
8.1　大学及び公的研究機関の実態調査から分かったこと ……… 101
8.2　広報体制・広報担当者の望ましいあり方 ………………… 103
8.3　広報部門の組織活動の影響 ………………………………… 104
8.4　九州大学の具体事例から分かったこと ——広報体制 ……… 106
8.5　北陸先端科学技術大学院大学の具体事例から分かったこと
　　　——社会的ニーズの収集方法 …………………………… 108
8.6　科学コミュニケーションの研究倫理教育への応用の可能性 … 109
8.7　結　　論 ……………………………………………………… 109
8.8　今後の展望 …………………………………………………… 112

参 考 文 献 ………………………………………………………… 115
参 考 資 料　質問票 ……………………………………………… 127
謝　　辞 …………………………………………………………… 137
事 項 索 引 ………………………………………………………… 141
人 名 索 引 ………………………………………………………… 143

大学と社会を結ぶ
科学コミュニケーション

第1章
科学コミュニケーションの歴史と課題

　本章では，本研究の中心課題である，科学コミュニケーションの定義を先ず明らかにする。そして，科学コミュニケーションの歴史，特に1996年以降現在に至る，わが国の科学技術政策の根幹を規定した科学技術基本計画下で推進された政府主導の科学コミュニケーション政策を概観する。その上で科学コミュニケーションに関する先行研究をレビューし，従来の研究では取り組まれてこなかった課題や解決されるべき課題等についての整理を行い，本研究で取り組むべき課題と分析視点の明確化を行う。

1.1　科学コミュニケーションの定義

　科学コミュニケーション活動は，今日ではわが国の科学技術振興を図る上で欠かすことができない取り組みとして，大学，独立行政法人研究機関，公設試験研究機関，博物館，科学館等の科学研究教育機関で幅広く取り組まれている。文部科学省科学技術・学術政策局は「科学技術コミュニケーション」（サイエンスコミュニケーション）を，次のように定義している。

　　科学技術コミュニケーションとは，国会，政府をはじめ研究機関，教育機関，学協会，科学館，企業，NPO法人等の団体，研究者・技

科学技術コミュニケーションの促進

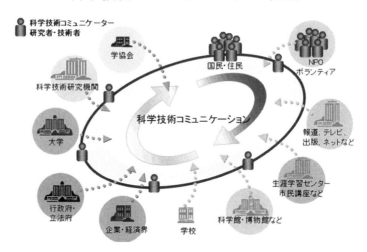

図1.1　科学技術コミュニケーションの促進—関係機関の相互作用

資料出所：文部科学省『平成23年版科学技術白書』第2章第1節 科学技術コミュニケーションの可能性　http://www.mext.go.jp/b_menu/hakusho/html/hpaa201101/detail/1311132.htm（2019年5月14日閲覧）

術者，国民・住民等の個人などの間で交わされる科学技術に関するコミュニケーション活動で，非常に幅広い内容を包含するものである[1]。

以後，本書では，この文言を科学コミュニケーションの定義とする。

図1.1は文部科学省科学技術・学術政策局が作成した概念図である。科学コミュニケーションにおける関係者・関係機関の相互作用が表現されている。特に図1.1の中の科学コミュニケーション活動は，研究者と国民との双方向コミュニケーションとして矢印で表現されている点に特色がある。研究者は，国民に対して研究内容を分かりやすく説明し，国

---

[1] 文部科学省：第4期科学技術基本計画 http://www.mext.go.jp/component/a_menu/science/detail/__icsFiles/afieldfile/2011/08/19/1293746_02.pdf 本文42頁（2019年5月14日閲覧）

民からの質問やコメントには誠実に応えるというコミュニケーションの
経路の矢印である。

　これは言うは易く，実行は困難である。なぜなら国民は，特定の研究
内容について，多くの場合，専門家ではないからである。研究者は，自
身の研究成果を自身が所属する学協会の専門家コミュニティで発表し質
問やコメントに応えることについては，十分に習熟している。しかし，
非専門家である国民に対して自身の研究成果を発表し質問やコメントに
応える機会は，一般向け講演会や初等中等教育での出前授業など限られ
ている。そこで専門家と非専門家を通訳のように繋ぐ科学コミュニケー
ターの役割が重要になる。同時に研究者・技術者自身が科学コミュニ
ケーターとしての役割を果たすことも期待される。また研究者が所属す
る大学等研究機関の広報担当者が科学コミュニケーターの役割を果たす
機会も増えている。そこで大学等研究機関の広報担当者と研究者の科学
コミュニケーション活動における協力関係が，どのような現状かを把握
し，適切な協力関係のあり方を検討することは喫緊の課題であると言え
る。

　以上のように科学コミュニケーションが重要視されるようになった背
景には，わが国における第1期（1996年〜2000年）から第3期（2006年
〜2010年）までの科学技術基本計画推進過程での科学技術研究予算の急
激な膨張がある。科学技術研究予算の原資は国民の税金であるため，納
税者への説明責任がそれまで以上に重視されるようになったのである。
このことは前記の「第4期科学技術基本計画」にも明文化されている。
なお科学技術基本計画の中で科学コミュニケーション活動が，どのよう
に位置付けられてきたかの詳細は1.3で後述する。

1.2　科学コミュニケーションの歴史

　以下に17世紀から現代に至る科学コミュニケーションの歴史を海外

4 第1章 科学コミュニケーションの歴史と課題

と国内に分けて概観する。

1.2.1 研究者と研究者を繋ぐ科学コミュニケーションと，
市民と研究者を繋ぐ科学コミュニケーション

　歴史的に科学コミュニケーションは，先ず研究者と研究者の間で始まった。近代科学が始まったルネッサンス期の欧州には学問研究の成果を書簡によって第三者に知らせる「報知者」（「通信者」correspondent ともいう）が存在したという。報知者は研究者自身が担うこともあれば諸国を周遊する貿易商人が担うこともあった。書簡の発送頻度が高まっていくと，当時普及を始めた活版印刷術を活用した定期刊行物としてのニューズレターに姿を変えていった。これは同じ時期に形成を開始した学協会（たとえばイギリスのロイヤル・ソサイエティー）が発行する専門学術誌の萌芽となった。この段階での科学コミュニケーションは研究者コミュニティの中に閉じていた。しかし活版印刷術は大規模商業出版の成立を可能としたため，科学書を研究者以外の多くの人々に届けることができるようになった[2]。18世紀を迎える頃，学協会と専門学術誌は，現在の姿に近い状態に制度化され，研究成果の評価や知識共有の基盤となった。学協会の周囲には，研究者間での知識の伝達・伝播を支援する大勢の人々が存在するようになった。学会の創立や運営，出版，便覧や辞書等の編纂，書誌作成，編集，翻訳といったことにたずさわる人々，図書館司書，科学における用語法・命名法・分類作成に関与した人々であり，こうした人々が組織的で体系的な科学コミュニケーション活動の担い手となった。

　広く市民を対象とした科学コミュニケーションの嚆矢として特筆すべきは，イギリスの物理学者マイケル・ファラデー（Michael Faraday, 1791年～1867年）による「クリスマス講演」である。ファラデーの所属

---

[2] B. C. ヴィッカリー『歴史の中の科学コミュニケーション』勁草書房 95頁，2002年

する王立研究所を舞台として，ロンドン在住の子どもたちを対象に物理化学実験の実演を通して，分かりやすい科学の講演を行った。この講演は，1826年に始まり，ファラデーの死後も21世紀の現代まで継続し実に190回も開催されている。

　1985年，イギリスでは国民の科学的素養を増進し，産業技術競争力の強化に役立てるという観点から「科学の公衆理解」(public understanding of science：PUS) がロイヤル・ソサイエティーを中心に強力に推進された[3]。しかし，この「科学の公衆理解」という概念は，科学的知識を市民に提供し，市民の科学リテラシーを高めるという観点が目立ち，市民は科学的知識の単なる入れ物にすぎないのかという批判が起こった。イギリスのランカスター大学のブライアン・ウィン教授は，これを「欠如モデル」(Deficit Model) と命名し強く批判した。同教授によれば市民は科学的知識の単なる入れ物ではなく，市民の側から専門家への問いかけもありうるのであり，専門家は市民に対して誠実に対応する必要があるという双方向のコミュニケーションの必要性を指摘した。イギリスでは1990年代にBSE（牛海綿状脳症，Bovine Spongiform Encephalopathy）問題が発生し，政府と専門家が牛肉の安全性を保証したにもかかわらずBSE感染者が発生するという不祥事が生じ，専門家が信頼を失うという事態があり，信頼を回復するための双方向コミュニケーションが重要だという認識が広まる契機となった[4]。

1.2.2　日本における科学コミュニケーションの歴史
——科学技術理解増進から双方向のアウトリーチへ

　わが国で科学コミュニケーションの概念が政府関係機関により記述された初期の事例として，『昭和33年版科学技術白書』の以下の記述が見

---

[3]　Walter Bodemer *The Public Understanding of Science*, The Royal Society, 1985
[4]　藤垣裕子・廣野喜幸『科学コミュニケーション論』東京大学出版会 8頁，2008年

られる。

「政府の果すべき役割のますます増大しつつある今日，これに対する適切な方策を樹立推進し，その要望にこたえる必要があるが，一方科学技術を育てあげることに対し，国民の理解と支持を得ることが必要である。社会生活においても産業活動においても，政治においても，その他あらゆるところで深い関心とこれを尊重し育てあげる熱意とが望まれる。とくに重要なことは将来の科学技術を担う次代の国民が育てられる日常生活のなかで，科学的な考え方と独創性を重んずる態度を養うことが大切である[5]。」また『科学技術庁十年史』（1966年）では広報・啓発業務の目標のなかに「科学技術に関する各種のコミュニケーション」という表現が用いられている。これらの記述から分かることは政府関係機関による科学技術振興のために国民の協力を得るという観点である。国民の側からの科学と技術のあり方に対する問いかけに応えるという双方向性の観点は見られなかった。

公害問題と科学技術の責任（1960年代〜1970年代）

1960年代から1970年代前半にかけて，水俣病・イタイイタイ病等四大公害裁判に代表される公害問題や，森永砒素ミルク事件，カネミ油症事件，サリドマイド，キノホルムなどの食品公害・薬害による健康被害が深刻化した。こうした問題に対する市民の反対運動が活発化し，原因を生み出した企業や安全規制に責任を負うべき政府関係機関は市民に対する説明責任を強く求められることになった。1979年にアメリカでスリーマイル島原発事故が起こると原子力発電に対する市民の反対運動も活発化した。原子力発電所の設置の際には，パブリックアクセプタンス（PA：技術の社会的受容）という行政と市民のコミュニケーションの視点が重要だということが政府関係機関においても重視されるようになっ

---

5 科学技術庁『昭和33年版科学技術白書』http://www.mext.go.jp/b_menu/hakusho/html/hpaa195801/hpaa195801_2_030.html（2019年5月22日閲覧）

写真 1.1 東京大学本郷キャンパスで開催された
自主講座「公害原論」6 周年記念講演（1976 年 10 月）

右から，『苦海浄土』(1972 年) の著者 石牟礼道子氏 (1927 年～2018 年)，
『谷中村滅亡史』(1907 年) の著者 荒畑寒村氏 (1887 年～1981 年)，手前
が東京大学都市工学科の宇井純助手（当時）。
資料出所：朝日新聞社提供

た。ここには，市民の側に科学技術知識があれば，容易に原発を受容するようになるという認識があった。ここにも前出の欠如モデルの影が見え隠れした。こうした中で，市民の側からの科学技術のあり方への問いかけとして，当時活発化した学生運動の中での理工ゼミナール運動や，宇井純（1932 年～2006 年）東京大学助手による自主講座「公害原論」などの取り組みが進められた（写真 1.1）。1975 年には，核化学専門家の高木仁三郎元東京都立大学助教授（1938 年～2000 年）により，政府の原子力政策について自由な見地からの分析・提言を行うため，原子力産業の利害関係者から独立したシンクタンク「原子力資料情報室」が設立された。原子力発電の持続不可能性，プルトニウムの危険性などについて，専門家の立場から警告を発し続けた。同資料情報室は 2018 年現在も活発に活動を行っている。

科学技術離れと科学技術理解増進事業（1980 年代～1990 年代後半）

　1985 年のプラザ合意以降，1990 年代初頭にかけてバブル経済が進行していく中で，工学部卒業生の製造業離れ，若者の科学技術に対する関

写真1.2 日本科学未来館(東京都江東区青梅)
資料出所:筆者撮影

心の低下,大学受験における理工系学部志望割合の減少傾向といった「若者の科学技術離れ」が社会問題視されるようになった。このような傾向に対応し,当時の科学技術庁(現 文部科学省)は「科学技術理解増進事業」を開始した。その内容としては,青少年の科学的創造力の育成を図るため,青少年が2泊3日の合宿を通して研究者,技術者等から直接講義を受け,研究現場等を実体験する「サイエンスキャンプ」の実施,及び科学実験やモノ作りを通して,青少年に科学技術の原理・現象の面白さを実体験させるためのノウハウの各地の科学館への提供を行ったほか,地方公共団体における,青少年が先端的な科学技術を実際に体験する工作・実験室を持ち,地域における科学技術理解増進活動の中心的な役割を担う「先端科学技術体験センター」の整備を推進した。また傘下の特殊法人 科学技術振興事業団(JST:現 科学技術振興機構)により,青少年の科学技術に対する興味・関心を高めるため,最新のコンピュータ技術によって仮想的に科学技術を体験する「バーチャル科学館」の開発やモデル科学館を定めて大型映像機器等の整備活用を支援する「科学館マルチメディア活用モデル事業」の推進を開始した。

この科学技術理解増進事業は1990年代前半から2018年現在まで,わが国の科学技術政策としては途切れることなく相当額の国家予算を注入し継続されている(図1.2参照)。2001年にはJSTにより東京都湾岸エ

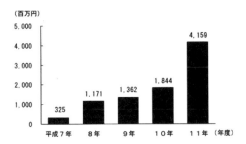

図 1.2　1990 年代後半に増大した科学技術理解増進事業の予算額
資料出所：平成 11 年版科学技術白書

リアに日本科学未来館が宇宙飛行士の毛利衛氏を館長に任命しオープンし，科学技術理解増進事業の象徴的建造物となった（写真 1.2 参照）。2003 年からは NHK 教育テレビジョンにより，広く国民の科学技術への啓発を目的とした科学教育番組『サイエンス ZERO』の放送が開始され現在に至っている。こうした科学技術理解増進事業の大規模な国策的推進は，しかし，前出の欠如モデルの影響を抜け出ているとは言えなかった。同事業の中では国民はあくまで科学技術について啓発される対象でしかないからである。これらの取り組みの中には国民・市民からの科学技術への問いかけを研究者・研究機関，科学技術政策当局に伝える経路は存在しなかったとまでは言わないが，極めて細いものでしかなかった。

　筆者はこの時期，シンクタンク研究員として，こうした科学技術理解増進事業を主要業務の一つとして参画していたが，関係者として欠如モデルを克服することができなかった責任を痛感している。その一方で 1990 年代は，欧米では旧ソ連のチェルノブイリ原発事故後の放射能汚染問題や BSE 問題など科学技術を要因とする社会問題が多発した。日本では，同時期にもんじゅナトリウム漏れ事故（1995 年），阪神淡路大震災による高速道路等公共建造物の倒壊（1995 年），薬害エイズ問題

（1980 年代～1990 年代），JCO 東海村臨界事故（1999 年）などが相次ぎ，市民の科学技術・専門家不信が急速に高まっていった。

　こうした時代的背景の中で，海外特に EU 諸国では，市民と研究者（社会と科学）の対話を重視する路線が主流になっていった。オランダでは「サイエンスショップ」，デンマークでは「コンセンサス会議」，イギリスとフランスでは「サイエンスカフェ」の開催など，市民参加型で，研究者と市民を双方向で繋ぐ科学コミュニケーション手法が生みだされていった。それらの手法や背景は科学技術社会論（STS）の研究者たち，若松征男教授（東京電機大学）や小林傳司教授（大阪大学）によって日本にも紹介された。

社会における科学，社会のための科学——双方向の科学コミュニケーションの必要性（1999 年～2010 年代）

　21 世紀を目前にした 1999 年 7 月に，国連教育科学文化機関（UNESCO）と国際科学会議（ICSU）の共催によりハンガリーの首都ブダペストで開催された「世界科学会議（ブダペスト会議）」では，21 世紀へ向けた科学技術，さらには科学のあり方について科学者の側から見直しが行われた。同会議には世界中から科学者，技術者，国会議員，ジャーナリスト，行政官，市民ら約 1,800 人が集まり，21 世紀における科学のあり方が 6 日間にわたり議論された。会議では 21 世紀のための科学を進める上での新たな責務として，「科学と科学的知識の利用に関する世界宣言」及び「科学アジェンダ・行動のためのフレームワーク」が採択された。同宣言では 21 世紀の科学の責務として，これまでの「知識のための科学」のほか「平和のための科学」，「開発のための科学」，「社会における科学と社会のための科学」という，3 つの概念が打ち出された。

　以上の流れを受けて，2000 年代に入ると日本でも「社会のための科学」，「社会における科学」についての検討が本格的に始まった。こうし

た概念を社会の中で実践・実現するためには，もはや欠如モデル的な一方向のコミュニケーションではなく，研究者・研究機関・科学技術政策当局と国民を対等に結ぶ双方向の科学コミュニケーション活動が不可欠である。2004 年刊行の『平成 16 年版科学技術白書』では，アウトリーチやサイエンスカフェといった言葉が紹介され，初めて白書のような国の公的刊行物の中で双方向的な科学コミュニケーションの必要性がうたわれ，実際に次のような様々な研究者・研究機関と市民の双方向の科学コミュニケーション活動が始まった。

① コンセンサス会議

1998 年から 2000 年にかけて，前出の若松征男教授や小林傳司教授らによって，わが国で初めての遺伝子組み換え技術をテーマとした市民参加によるコンセンサス会議が開催された。コンセンサス会議は，社会的な論争となっている科学技術の話題について，専門家でない一般の人々が議論を深めるための会議手法である。会議では，一般からの公募などで選ばれた十数人の「市民パネル」が，話題に詳しい複数の専門家と対話しながら，市民パネルとしての合意（コンセンサス）を目指して議論を進める。最終的に合意した意見を，公に発表・提案する。1985 年のデンマークでの会議から現在のような形式が始まった。ヨーロッパでは 1990 年代を中心に各国で実施された。日本では前出の若松征男教授の呼びかけによって，大阪で 1998 年に最初の試行型のコンセンサス会議が行われた。その後 2000 年の 9 月から 11 月にかけて遺伝子組み換え作物をテーマとしたコンセンサス会議が東京南青山会館で開催された[6]。

---

6 コンセンサス会議開催に尽力した小林傳司教授のインタビュー記事 大阪大学「公共圏における科学技術教育研究拠点」http://stips.jp/idenshi-interview/（2019 年 5 月 22 日閲覧）

より詳細な内容は，小林傳司『誰が科学技術について考えるのか―コンセンサス会議という実験』（名古屋大学出版会 2004 年 ISBN-13: 978-4815804756）を参照。

写真 1.3 北陸地方で最初に開催されたサイエンスカフェ（2005年10月29日，30日）
左）会場の様子　右）サイエンスカフェ紹介パンフレット

資料出所：筆者撮影

② サイエンスカフェ

2004年から2005年にかけて市民や若手研究者によるサイエンスカフェが京都・東京で開催され，同時に日本学術会議の音頭によって，2005年と2006年の科学技術週間に全国でサイエンスカフェが一斉開催された。そのため2005年を「科学コミュニケーション元年」（アウトリーチ元年）と呼ぶ向きもある。サイエンスカフェは，大学や研究所の外，つまり市民の生活の場である街のなかの喫茶店やバーで行われる，研究者と市民を直接繋ぐ双方向の科学コミュニケーション活動である。参加者は少なめ（30人程度）で，ふらりと気軽に立ち寄れる，最初に短めに科学者が話題提供をし，そのあとは参加者が自由に議論する，科学者と市民が，科学を話題に，対等な立場で気軽に討論する，飲み物やお酒を片手に，リラックスした雰囲気で語り合う，などの特徴を有する。筆者も，この2005年10月に北陸地方で最初に開催されたサイエンスカフェに参画している（写真1.3参照）。この経験については第6章で少し詳しく記述する。

③ サイエンスショップ

2007年には，大阪大学コミュニケーションデザイン・センター

（現 CO デザインセンター）の平川秀幸教授らが「サイエンスショップ」の取り組みを開始した。サイエンスショップは，科学や技術，人文・社会科学の専門性が必要な問題について，市民グループや NPO 団体，教育関係者などからの相談や依頼をもとにリサーチを行い，依頼者の問題解決や社会活動をサポートする組織である。具体的には，大学などの研究者や学生を「研究協力者」として募り，依頼者とのマッチングをはかることを基本的な業務としている。この他に，サイエンスショップの取り組みは，神戸大学[7] と熊本大学[8] が行っている。

このように 2000 年代の十年間は，わが国において百花繚乱のように様々な研究者・研究機関と市民を繋ぐ双方向の科学コミュニケーション活動が創生され，展開された。EU 諸国では，市民や学生らが自主的自律的に各種の科学コミュニケーション活動を展開したのと比べて，日本では文部科学省や日本学術会議のような政府関係機関が科学技術理解増進事業の延長のような形で科学コミュニケーション活動をトップダウンで先導した傾向が見られる。これは特に 2005 年から 2006 年にかけてのサイエンスカフェ支援において明らかであったし，また後述の「第 3 期科学技術基本計画」の内容にも明確であった。しかし，同時に前出の科学技術社会論分野の若手研究者・中堅研究者らが，1980 年代から営々と双方向の科学コミュニケーション活動を播種してきた成果であることも間違いのない事実である。

④ 科学コミュニケーター養成と「サイエンスアゴラ」の開催

2000 年代には，政府の科学技術政策の一環である科学コミュニケーション活性化施策として，当該活動を主導的に担う科学コミュニケーター（サイエンスコミュニケーター）の養成と，科学コミュニケーショ

---

[7] 神戸大学サイエンスショップ http://www.h.kobe-u.ac.jp/ja/scishop（2019 年 5 月 22 日閲覧）

[8] 熊本大学 LINK 構想 http://www.cps.kumamoto-u.ac.jp/seisakusozo/result/index2.php（2019 年 5 月 22 日閲覧）

写真 1.4 サイエンスアゴラ 2018（2018 年 11 月 16 日）の会場の様子
資料出所：筆者撮影

ン活動を担う関係者を横に繋ぐ仕組みが文部科学省と JST によって推進された。前者の科学コミュニケーターは，科学者と市民の間に立って双方向コミュニケーションを媒介する役割を果たすことが期待される。既存の職業では，科学ジャーナリスト，サイエンスライター，博物館・科学館学芸員，大学や研究所の広報担当者などが該当する。サイエンスショップやコンセンサス会議の準備，事前調査，提言，市民支援等も重要なミッションとなる。同時に研究現場の第一線を担う研究者自身や研究機関の広報担当者が優秀な科学コミュニケーター（サイエンスコミュニケーター）の役割を担うことも期待されている。2005 年度から 2009 年度まで，科学技術振興調整費により北海道大学，東京大学，早稲田大学等に科学コミュニケーター養成講座が開設され，2010 年度以降も各大学によって継続されている。後者としては，2006 年 11 月に日本全国の科学コミュニケーション活動を担う研究者，学生，市民，行政を横に繋ぐ科学イベント「サイエンスアゴラ」が JST により東京の湾岸地区で開催され，2018 年現在までに 13 回を重ねている。2018 年 11 月開催の『サイエンスアゴラ 2018』では主催関係者を含め 4,021 人を集客し，全国の科学コミュニケーション関係者の交流の場となっている[9]（写真

---

[9] 科学技術振興機構（JST）「サイエンスアゴラ」https://www.jst.go.jp/sis/scienceagora/（2019 年 5 月 22 日閲覧）

1.4)。

　なお文部科学省・JST 等政府関係機関によるトップダウン色を薄めるために，2011 年に一般社団法人 日本サイエンスコミュニケーション協会（JASC）[10] が設立された。同協会は「サイエンスコミュニケーションを促進することにより，社会全体のサイエンスリテラシーを高め，人々が科学技術をめぐる問題に主体的に関与していける社会の実現に貢献」することをミッションとして，大学・高専・高校，博物館・科学館等の関係者を主体に，全国の科学コミュニケーション活動関係者の連携を促進する活動を進めている。

1.3　科学技術基本計画と科学コミュニケーション

　科学技術基本計画は，1995 年 11 月に公布・施行された科学技術基本法に基づき，科学技術の振興に関する施策の総合的かつ計画的な推進を図るための基本的な計画であり，今後十年程度を見通した 5 年間の科学技術政策を具体化するものとして，政府が策定する，わが国の科学技術政策の根幹を成すものであるとされる。

　特徴としては，1996 年の「第 1 期科学技術基本計画」（以下，基本計画と略す）以後の公的な科学技術予算の増加が挙げられる。1996 年度から 2000 年度までの第 1 期基本計画で 17 兆円の国家予算がわが国の科学研究に投入されることとなった。その後，基本計画は，第 2 期（2001 年度～2005 年度 予算額合計 24 兆円），第 3 期（2006 年度～2010 年度 予算額合計 25 兆円），第 4 期（2011 年度～2015 年度 予算額合計 25 兆円）と継続し，2018 年現在，第 5 期が進行中である。

　基本計画によって投入された公的な科学技術研究費の予算額も 1 期から 3 期までの累計だけでも 66 兆円となった。この金額は EU 原加盟国

---

[10] 一般社団法人 日本サイエンスコミュニケーション協会（JASC）https://www.sciencecommunication.jp/（2019 年 5 月 22 日閲覧）

図 1.3 事業仕分けによって削減される科学予算を報道する記事
（朝日新聞 2009 年 11 月 14 日）
資料出所：朝日新聞社提供

のオランダ１国の GDP（62 兆円），あるいは日本の総人口の２倍の人口を抱え BRICs の一角を占めるインドネシア１国の GDP（57 兆円）よりも多い。この巨額の予算の財源は全て国民の税金，すなわち血税であり，このような血税の使用に対して，科学研究における社会への情報開示並びに自主的な説明責任の姿勢が問われるようになったことは当然のこととも言えるだろう。そしてこれらの予算の少なからぬ部分が科学研究費補助金，科学技術振興調整費等の研究費として国内の大学等研究機関，研究者に配分され使用される。実際に，後掲の図 1.4 に示す通り，第１期基本計画がスタートした 1996 年度に科学研究費補助金の予算額は 1,000 億円を超過し，右肩上がりの上昇を続け，第３期基本計画最終年度の 2010 年度には 2,000 億円に達し倍増したのである。財政健全化が叫ばれる中で，科学技術予算だけは事実上「聖域化」されていたことが分かる。

民主党（当時）への政権交代が行われた 2009 年 11 月 10 日に，内閣府に設置された行政刷新会議が実施した「事業仕分け」において科学技術予算がその俎上に上ったことは記憶に新しいところである（図 1.3）。この時，「汎用京速計算機」（スーパーコンピュータ）開発予算，バイオ

リソース事業，世界トップレベル国際研究拠点形成促進プログラム，Spring-8，産学連携事業，深海地球ドリリング計画，国立大学運営費交付金，グローバル COE プログラム，科学研究費補助金の一部，特別研究員事業や科学技術振興調整費等が廃止・削減の危機に直面した。

　このような事態に直面し，わが国科学界は空前の迅速さで行動に出た。同年の 11 月 24 日には旧 7 帝大と早稲田大学・慶應義塾大学の学長が共同で批判声明を出し，11 月 25 日にはノーベル賞・フィールズ賞受賞者 5 人の科学者が記者会見で事業仕分けを批判。同日，理化学研究所の野依良治理事長（2001 年ノーベル化学賞受賞）は「先進各国が国の威信をかけてスーパーコンピュータの開発にしのぎを削っている。いったん凍結すれば他国に追い抜かれる」とし，仕分けの流れを批判。京都大学 iPS 細胞研究センター長の山中伸弥教授（2012 年ノーベル賞生理学・医学賞受賞）は，「小さな支援を多くの研究者にすることで iPS 細胞のような技術が生まれ，日本の発展につながる。十年後の日本がどうなるのか心を痛めている。日本が科学の後進国にならないように」と発言している。その後，同年の 12 月 4 日には科学技術系 20 学会が連名で事業仕分けを憂慮する声明を発表するなど，多数の学協会が一斉に行政刷新会議への反論を行った。これらの流れは第 1 期基本計画スタート以後，初めてわが国の科学研究と社会との接点で発生したコンフリクトと言える。そしてわが国の多くの研究者が研究費確保のために広く社会一般の理解を得ることの重要性を痛感した契機であったとも言えるだろう。

　2006 年 3 月の第 3 期基本計画の第 4 章「社会・国民に支持される科学技術」の第 2 節には，科学コミュニケーション活動の重要性が明記されていた。次にその記述[11]を紹介する。

---

[11] 詳細は文部科学省　http://www.mext.go.jp/a_menu/kagaku/kihon/06032816/001/001/013.htm を参照されたい。①〜⑥までの数字は筆者が付した。（2019 年 5 月 22 日閲覧）
　　この引用文では，科学コミュニケーション活動は「アウトリーチ活動」と表現

18　第1章　科学コミュニケーションの歴史と課題

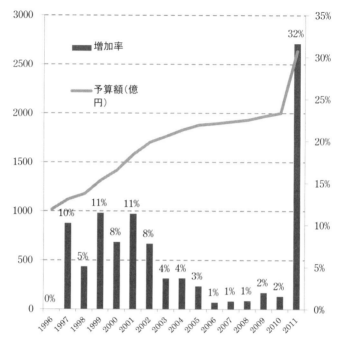

図 1.4　第1期基本計画から第3期基本計画終了（1996年〜2011年）までの科学研究費補助金予算額と増加率の年次推移
資料出所：日本学術振興会（JSPS）

されている。「アウトリーチ活動」とは研究者や研究機関が研究成果を国民に周知する活動をさす。政府から研究費の補助を受けた場合，その義務としてアウトリーチ活動が課される場合もある。国際会議や国際シンポジウム等を開いて，広く一般に成果を発表する場合や，研究論文を学会誌などに投稿して世に知らしめる場合なども，アウトリーチ活動であると言える。また，同分野の専門家以外を対象とした，一般向けの成果発表会，普及講演，研究施設の一般公開などもアウトリーチ活動に含まれる。近年では，双方向性が重視されており，研究者からの一方的発信ではなく，一般社会からのフィードバックが必須とされる傾向にある。このため科学技術分野におけるアウトリーチ活動は，科学コミュニケーション活動とほぼ同義と言えるが，研究者が主体となる科学コミュニケーション活動を想定する場合にはアウトリーチ活動という名称で表現されることが多い。

① 科学技術への国民の支持を獲得することの基本は，科学技術の成果を国民へ還元すること。
② それを分かりやすく説明していくこと。
③ 研究機関・研究者等は研究活動を社会・国民に出来る限り開示し，研究内容や成果を社会に対して分かりやすく説明すること。
④ その際，多様な媒体を効果的・効率的に活用すること。
⑤ 研究者等と国民が互いに対話しながら，国民のニーズを研究者等が共有するための双方向コミュニケーション活動であるアウトリーチ活動を推進すること。
⑥ このため，競争的資金制度において，アウトリーチ活動への一定規模での支出を可能にする仕組みの導入を進める。

　以上のような6点の提案が既になされていたのである。わが国の研究者と研究機関が，こうした科学コミュニケーション活動に注力していれば，そしてその努力が質・量的に十分なものであれば，わが国科学界は納税者である国民の理解を得ることができたかもしれなかった。このため科学コミュニケーション活動の重要性は，科学技術政策の推進者である政府等関係機関と個別の大学等研究機関，そして個々の研究者に強く意識されることとなったと言えよう。

1.4　科学コミュニケーション研究の課題

　本節では，研究者にとっての科学コミュニケーション活動の意味するもの，近年頻発する研究不正の観点から科学コミュニケーション活動の意味するもの，そして本研究の中心課題である研究機関の組織的活動としての科学コミュニケーションの意味するものを先行研究のレビュー結果をも踏まえて検討を行う。

20 第 1 章　科学コミュニケーションの歴史と課題

1.4.1　研究者の科学コミュニケーション

　大学等の研究機関に属する個々の研究者にとって，科学コミュニケーション活動はどのような効用を及ぼすのだろうか。先ず科学コミュニケーション活動によって，社会とダイレクトな接点を設けた研究者は社会のニーズを自身の研究内容に取り入れることが容易になるということが予測される。それは研究成果による社会貢献をより効果的に実現できる可能性を高めることができるかもしれない。また逆に研究者の科学コミュニケーション活動により大学に集積された知見が，よりダイレクトに地域住民に伝達される機会を拡大し大学近隣の人的資源へのプラス効果（スピルオーバー）をもたらす可能性もあると考えられる。このように考えてみると，科学コミュニケーション活動は，研究者が納税者である国民への説明責任を果たす一方的な義務では決してないとも考えることができる。以下，先行研究をもとに，研究者と科学コミュニケーションの課題について検討する。

　科学コミュニケーションは，専門家としての研究者から非専門家である国民へ向けた一方通行の情報伝達に陥る危険性を持っている。先行研究では，このような一方通行を，前出のランカスター大学のブライアン・ウィン教授が提唱した「欠如モデル」（Deficit Model）として捉え批判的に克服すべき課題として議論している[12]。「欠如モデル」への批判をもとに藤垣・廣野らは，科学コミュニケーションにおける研究者と国民を結ぶ双方向コミュニケーションの重要性を指摘している[13]。こうした観点を基盤に，研究者と国民を結ぶ双方向の回路を作ることのできるスキル・知識を持った「科学技術コミュニケーター（サイエンスコミュニケーター）」の育成[14]や，有賀・梅本らによる研究者自身の科学コミュ

---

[12] Irwin, A. and Wynne, B. *Misunderstanding Science?, The Public Reconstruction of Science and Technology,* Cambridge University Press, 1996

[13] 藤垣裕子・廣野喜幸『科学コミュニケーション論』東京大学出版会 109-117 頁，2008 年

[14] 守真奈美「研究者と社会をつなぐコミュニケーション活動〜大学の科学技術コ

ニケーション能力の育成に焦点を当てた先行研究が蓄積されている[15]。また北海道大学では，2005 年に「科学技術コミュニケーター養成ユニット（略称：CoSTEP）」を設置し，学生・若手研究者を対象とした組織的な科学技術コミュニケーション教育を開始した[16]。この取り組みは2018 年現在も継続して推進されている。

さらに科学コミュニケーションの技法そのものについての先行研究も，科学技術コミュニケーションにおける撮影技法の印象評価の研究[17]，科学と芸術の融合のあり方に焦点を当てたコミュニケーション手法の研究[18]，イラストを活用して非専門家に科学的な内容を伝達する手法の研究[19] など様々な角度からの研究成果が蓄積されている。

ここで研究者個人にとっての科学コミュニケーション活動とは，具体的にはどのような活動なのかを，改めて整理しておこう。

① 研究者（または研究機関が組織的に）が，研究内容を分かりやすく非専門家である市民に伝えること。

② 市民が研究者（または研究機関）に対して研究内容について適切な質問や研究内容に関わる懸念を伝達することができること。

③ 必要であれば，適宜市民が研究者に対して，専門分野に関わる社会的ニーズを伝達することができること。

ミュニケーターを目指して～」『科学技術コミュニケーション』第 2 号 106-118頁，2007 年

[15] 有賀雅奈・梅本勝博「科学技術コミュニケーションにおける研究者の省察」『科学技術コミュニケーション』第 14 号 3-12 頁，2013 年

[16] 北海道大学科学技術コミュニケーション養成ユニット（CoSTEP）『はじめよう！　科学技術コミュニケーション』ナカニシヤ出版 2007 年

[17] 藤田良治「科学技術コミュニケーションにおける撮影技法の印象評価」『科学技術コミュニケーション』第 4 号 19-27 頁，2008 年

[18] 宮田景子「親子向けワークショップにおけるサイエンスとアートの融合：親子サイエンス・ワークショップ実施報告」『科学技術コミュニケーション』第 7 号 155-164 頁，2010 年

[19] 大河雅奈・加藤和人「サイエンスイラストレーション制作における協働プロセス：『幹細胞ハンドブック』を事例に」『科学技術コミュニケーション』第 8 号 41-55 頁，2010 年

22　第1章　科学コミュニケーションの歴史と課題

表1.1　研究者及び研究機関の外部社会へ向けた科学コミュニケーション活動を
　　　　双方向性の観点から評価した一覧

研究者及び研究機関の 科学コミュニケーション活動	市民向け伝達経路
学術誌における論文発表	なし
学協会における研究成果発表	なし
一般紙誌における解説等の執筆	一方向である
一般市民向け啓発書等の執筆	一方向である
一般市民向け講演	質疑応答の時間があるので，ある程度双方向性を備えている。
研究内容のマスメディアによる報道	一方向である
研究者のTV等マスメディアへの出演	一方向である
小中高校生向け出前授業	双方向性を満たしている
サイエンスカフェにおける話題提供	双方向性を満たしている
サイエンスショップの開催	双方向性を満たしている
科学ボランティア	双方向性を満たしている
市民向け生涯学習講座における講義	質疑応答の時間があるので，ある程度双方向性を備えている。

資料出所：筆者作成

　以上の3点を満たすことが，研究者及び研究機関にとっての社会へ向けた科学コミュニケーション活動と定義できる。この定義から，双方向のコミュニケーション活動として適宜実施しうる機会を研究者並びに所属研究機関が担保しえているか否かが社会的に問われることになろう。この定義からすると，一般的な広報活動は研究機関から外部社会への情報発信活動としては一方向のみのアプローチとなるため，広報活動のみでは十分な科学コミュニケーション活動を実現しているとは言えないことになる。

　表1.1は，以上の観点から考察した研究者の科学コミュニケーション活動と想定される各種対外活動の評価の一覧である。表1.1において，研究者（研究機関）と一般市民との各種コミュニケーション活動内容が双方向であるか，一方向であるかを評価した。研究者の最も基本的なコミュニケーション活動である学術誌における論文発表と専門学協会にお

ける研究成果発表は一般市民向けの伝達経路にはなりえないことが分かる。それだけではない。一般紙・雑誌等における解説や啓発書の執筆，また新聞やテレビ等のマスメディアによる研究内容等の報道は市民向け情報伝達経路としては一方向であって必ずしも双方向ではないことも分かる。一方，一般市民向け講演や生涯学習講座における講義等は，参加者による質問時間が確保されている場合は双方向性が担保されていると言える。「サイエンスカフェにおける話題提供」，「サイエンスショップの開催」，「科学ボランティア」は当初から双方向性を主眼に据えた運営の設計がなされているため科学コミュニケーション活動としての要件を充足している。

　研究者は本来，専門的なディシプリンを共有する学協会の中で論文・学会発表を手段としたコミュニケーションにのみ専心しておれば，それでよかったのである。「双方向の社会とのコミュニケーション」は本来の研究者のミッションにはなかったものなのである。この点についてはドイツの哲学者ユルゲン・ハーバーマスが既に 1968 年に以下のように記している。

　「科学の内部ではたしかに公共世界が維持されているので，専門技術者たちは，専門雑誌や会議などで情報を交換している。だが異常な難局があらたなコミュニケーションの形式を強要することでもしないかぎり，科学の公共世界と文学の，まして，政治の公共世界とのあいだには，ほとんど接触を期待できない[20]。」

このように，ハーバーマスは科学と社会の断絶について，既に半世紀

---

[20] Jürgen Habermas *Technik und Wissenshaft alsnIdeologie*, Suhrkamp Verlag, 1968
　　邦訳書 ユルゲン・ハーバーマス『イデオロギーとしての技術と科学』平凡社 160 頁，2000 年

24　第1章　科学コミュニケーションの歴史と課題

近く前から警鐘を鳴らしていたのである。

1.4.2　研究不正と科学コミュニケーション

　わが国では，2014 年の春に STAP 細胞問題という若手研究者の研究
不正事件が発生し，科学研究機関の権威が大いに損なわれる事態が発生
した。この約十年間にわが国では，第 7 章に示すような研究不正事件が
頻発している。これらは全て新聞，テレビ等のマスメディアで報道され
た事件であり，東京大学，京都大学，大阪大学，早稲田大学など日本を
代表する有名大学において，こうした事件が発生している。これらの研
究不正事件の中でも STAP 細胞問題は未だ記憶に新しい。STAP 細胞
の「発見」はテレビ，新聞などマスメディアによって大々的に報道され
国民の間に一時的なブームを巻き起こした。それだけに，いったん発見
への疑惑が公にされると国民の幻滅も大きかったのである。

　この問題は，科学コミュニケーションにおける「ハイプ」のリスクと
して先行研究によって指摘されている。「ハイプ」とは研究成果が誇大
宣伝されることを言う。誇大宣伝の影響として，十分な研究成果が得ら
れなかった場合に市民に深い幻滅が広まることをハイプサイクルとい
う[21]。大阪大学の中村征樹准教授は理化学研究所における STAP 細胞発
見に関する記者会見で，市民の過剰な期待を煽る報道発表がなされた問
題を指摘している[22]。また九州大学の永田晃也教授らは水素エネルギー
研究開発過程におけるハイプがもたらす社会的幻滅が生じる可能性につ
いて警鐘を鳴らしている[23]。

---

[21]「ハイプサイクル」についての詳細は，アメリカの技術コンサルティング会社
Gartner 社が詳しい解説を行っている。以下の WEB を参照されたい。
http://www.gartner.co.jp/research/methodologies/research_hype.php（2019 年
5 月 22 日閲覧）

[22] 中村征樹「研究成果の発表と研究倫理：STAP 細胞問題から考える」『科学技術
コミュニケーション』第 18 号 83 頁，2015 年

[23] 永田晃也・西釜義勝・小林俊哉「2D22 Hydrogen Hype を超えて：燃料電池に
対する社会受容性の分析」研究・イノベーション学会『2015 年次学術大会講演

大学等研究機関は，科学コミュニケーション活動におけるハイプを回避し，ハイプサイクルに陥ることを回避するための努力が強く求められるようになったと言えるだろう。

1.4.3　研究機関の組織的活動としての科学コミュニケーション

大学及び公的研究機関の組織活動における科学コミュニケーション活動をテーマとした先行研究は多いとは言えなかった。そのような観点からの研究成果としては，北海道大学の杉山滋郎教授が，同大学の鈴木章名誉教授のノーベル化学賞受賞（2010年10月）を題材とした科学技術コミュニケーション活動をもとに，活動の中立性担保要件を考察したもの[24]や大阪大学の坂野上淳特任准教授が「世界トップレベル研究拠点（WPI）」をモデルケースに，国際化していく研究所において必要とされる事務改革と事務職員の科学リテラシー向上のために科学コミュニケーション活動をどう活用するか検討を行った成果[25]が見られる程度であった。本研究は，大学等研究機関の組織活動としての科学コミュニケーション活動の実態把握に焦点を当て，特に大学等研究機関の広報担当者と所属する研究者の協力関係について解明を行った点に新規性があると考える。

特に研究組織と研究者の協働に焦点を当てた先行研究としては，高エネルギー加速器研究機構 岡田小枝子広報室長，筑波大学渡辺政隆教授らが，研究機関の科学技術広報は，研究広報と組織広報という二つの側面を持ち，組織内で部署別の各広報担当者の適切な協働が必要であると

要旨集』594-598頁，2015年

[24] 杉山滋郎「科学技術コミュニケーションと大学広報〜『ノーベル賞受賞』後の情報発信に取組んだ体験から考える〜」『科学技術コミュニケーション』第9号 131-138頁，2011年

[25] 坂野上淳「研究所の事務部門における科学コミュニケーション〜『世界トップレベル研究拠点』における事務改革と科学リテラシー向上の試み〜」『科学技術コミュニケーション』第9号 65-72頁，2011年

指摘している。また研究者の広報への関与も重要であり，研究者倫理という枠の中で研究者が果たすべき広報活動，広報担当者との協働関係，また組織における広報担当者の位置づけの明確化が重要であると指摘している。またメディアおよび研究者との間にあって，広報担当者はメディアと研究者を媒介する潤滑油の役割であるという認識の共有と，互恵的な関係の構築が求められるとする。さらに，研究成果のメディア発表については，発表に至る手順の精査や効果的な文章が書ける人材の登用や育成が重要であるが，研究者と広報担当者が適切な役割分担をして仕上げることも現実的な解決策であると記述している。併せてクライシス時のコミュニケーションを乗り切るためにはメディアとのコミュニケーションに長けた人員を配した適切な体制を取ることが有効であると指摘している[26]。これらの指摘は，研究組織の中の広報担当者と所属する研究者の連携の必要性を指摘したものである。岡田・渡辺らの指摘する科学技術広報は科学コミュニケーション活動の一部ということになるが，重要な指摘である。

　本書の場合は，大学等研究機関の組織活動としての科学コミュニケーション活動の実態把握を目指して，特に広報担当者の情報収集方法，専任広報担当者・広報部門の有無の影響，大学経営層の関与等と研究者の協力度合いとの関連について焦点を当てた解明を行った点に新規性があると考えている。

1.5　本章のまとめ

　本章では，科学コミュニケーション活動が，文部科学省などの科学技術政策当局によって，どのように定義され，科学技術政策の中でどのよ

---

[26] 岡田小枝子・渡辺政隆・今羽右左・デイヴィッド甫・名取薫・土方智美「広報担当者が果たすべき役割についての考察～メディアと研究者をつなぐ～」『科学技術コミュニケーション』第 18 号 155-163 頁，2015 年

うに推進されてきたかを概観した。わが国の科学コミュニケーション活動の源流は，1960年代後半の市民の公害反対運動や，1970年代以降に活発になる反原発運動に，科学研究の側から応えていくという営為のうちに，その萌芽がある。その段階では，宇井純らによる自主講座「公害原論」や高木仁三郎による「原子力資料情報室」のような研究者の自発的な取り組みが目立った。

1980年代後半になると，若者の科学技術離れへの対策として「科学技術理解増進」政策が科学技術庁（現 文部科学省）によって官主導で進められて今日に至っている。1995年に科学技術基本法が制定され，翌年の1996年に「第1期科学技術基本計画」が策定スタートすると，それ以降現在に至るまで科学技術予算は急激し膨張した。1期から4期までの基本計画下の科学技術予算は総額で91兆円に達する。これは全て国民の税金―血税である。こうした血税の使い方に対して，文部科学省も研究者に対して，納税者である国民に対して，分かりやすく研究成果を伝えるアウトリーチ活動（科学コミュニケーション活動）を進めることを推奨し，第2期と第3期の基本計画の中にも，そのことが明記された。そこでも官主導が強まった。その一方で市民や若手研究者によるボトムアップなサイエンスカフェ開催の機運が2005年から2006年にかけて高まり（アウトリーチ元年あるいは科学コミュニケーション活動元年），2018年の現在に続いている。

2009年に，政治の側（当時の民主党政権）から科学技術予算の膨張の正当性に対する問いかけが行われた。同年11月の当時の行政刷新会議の事業仕分けがそれである。わが国の研究者社会は，こうした政治や社会からの問いかけに誠実に応えていかなければならなくなったのである。

わが国の研究者社会は，科学技術研究の意義や研究成果の社会への還元の可能性に関する社会からの問いかけに誠実に応えていくべき義務を負っている。そのための科学コミュニケーション活動の活性化は，研究

者・研究機関にとっても重要な課題であり，そのための方法の検討と明確化が求められている。本書は，そうした問いのたとえ一部にでも応えていくために着手したものである。この問題意識に基づき次章以降で，明らかになった知見を記述する。

第 2 章
大学及び公的研究機関における
科学コミュニケーション活動の実態

　本章では，2010 年に，国内の国公私立大学及び独立行政法人研究機関などの公的研究機関の合計 150 機関の広報担当者に対して実施した質問票調査の結果により，各研究機関において科学コミュニケーション活動が，どのように実施されているかを明らかにする。具体的には，科学コミュニケーション活動に関係する各研究機関の広報体制，情報収集方法，リスクマネジメントの実態，科学コミュニケーション活動への広報担当者の関与の仕方等の実態である。

　2010 年は，「科学技術コミュニケーション元年」[27]（あるいは「アウトリーチ元年」）から 5 年が経過した時点であり，かつ科学コミュニケーションの重要性を記述した「第 3 期科学技術基本計画」（2006 年度〜2010 年度）の最終年度であったことから，科学コミュニケーション活動について国公私立大学や独立行政法人等の各研究機関で一定の経験が蓄積された時点であると推定した。

---

[27] 北海道大学 CoSTEP「科学技術コミュニケーションの原点と座標軸 5/17 石村源生先生の講義レポート」より http://costep.open-ed.hokudai.ac.jp/costep/contents/article/1346/（2019 年 5 月 22 日閲覧）

2.1 質問票調査の概要

1）調査の目的

本調査の目的は大学及び公的研究機関とそこに所属する研究者の科学コミュニケーション活動における協力関係の実態を明らかにし、研究者の協力度合いを高めるには研究機関等はどのような要素を重視すべきかを明らかにすることである。

2）調査対象と回収数・回収率

国内の国公私立大学及び公的研究機関の合計 150 件に対して質問票（巻末に参考資料として掲載する）を送付した。

本調査は 2010 年 3 月に実施し、93 件（回収率 62％）の回収を得た。その内訳は私立大学が 61 件、国公立大学・公的研究機関が 32 件である。

3）調査対象の抽出基準と回答者

調査対象は、2008 年度科学研究費補助金（科研費）採択大学等研究機関 817 件から上記の大学等研究機関 150 件を抽出した。科研費は主に国内大学等研究機関に所属する研究者を助成対象とし、文部科学省・日本学術振興会によって運営される公的研究資金である。そのため科研費の採択を受けた研究機関は、科学コミュニケーション活動の実施がより強く求められるであろうと想定した。

質問票は上記各研究機関の経営層に発送した。国公私立大学であれば学長、副学長、理事等、公的研究機関であれば研究機構長、研究所長等である。いずれも回答者として調査対象研究機関広報部門の責任者を指定した。

2.2 調査項目の設計

本質問票調査の調査項目は以下のように設計した。

1）広報体制の実態

最初に調査対象の各研究機関が，どれだけの熱意で科学コミュニケーション活動（本質問票調査ではアウトリーチ活動と表現した）の基礎となる広報業務に取り組んでいるかを明らかにすることを試みた。そのために専任の広報担当者の有無，独立した広報部門設置の有無を問う質問事項を設定した。特に独立した広報担当者を任命しているか。担当者は専任か，兼務か。独立した広報部門を設置しているか否か。広報担当者の役職は何か，事務職から選抜しているのか，研究職から選抜しているのか，大学であれば教員から選抜しているのかを質問した。併せて，広報担当者が「第3期科学技術基本計画」のアウトリーチに関する国の方針を意識しているか否かを問う設問を設定した。

2）研究組織内情報収集の方法と所属研究者の協力実態

次に，広報担当者は研究機関組織内の情報をいかにして収集しているかを明らかにすることを試みた。具体的には，情報収集方法として，組織内の研究者の自己申告か，広報担当者が独自に定期的に問い合わせを行っているのか等の設問を設計した。あわせて広報担当者の情報収集に，組織内の研究者は協力的か否かを問う設問を設定した。

3）外部社会への情報発信の方法

各研究機関はどのように社会へ向けた情報発信を行っているのだろうか。本調査では，広報（パブリックリレーションズ）活動，広告，WEB，広報紙誌，各種イベントなどの選択肢を設定して質問した。

4）報道機関との連携の有無と被報道状況モニタリングの実態

　研究機関の広報担当者と，新聞社，雑誌社，テレビ局，ラジオ局等の報道機関との連携の度合いについての質問事項を設定した。その意図は広く社会へ向けた広報を実現するには，報道機関との連携も不可欠であると考えられることからである。

　また広報担当者は所属研究機関のマスメディアにおける被報道状況をどれだけ把握しているかを問う設問も設定した。これには各研究機関の自発的な情報発信のほかに，報道機関による独自取材の結果の情報発信も含まれるわけである。そこで広報担当者が，そうした報道に現れる被報道状況を定性的，定量的にモニタリングしているか否かの設問を設定した。同時にそうしたモニタリング結果を研究機関の広報戦略立案に反映させているか否かを問う設問も設定した。

5）広報戦略立案への研究組織経営層の関与の実態

　広報担当者が広報戦略を立案するに当たって，研究機関の経営層がどれだけ関与しているかを問う設問も設定した。研究機関の経営層とは，国公私立大学であれば学長，副学長，理事等，公的研究機関であれば研究機構長，研究所長等を指すものである。

6）危機管理のための方策の有無

　2014年のSTAP細胞問題に象徴されるように，近年のわが国の大学及び公的研究機関では，研究倫理に関わる不祥事が多発している。不祥事が発生した際には，報道機関に対応する広報部門と広報担当者の役割は重要になる。もし組織内で何らかの不祥事が発生し，マスメディア等に発表の必要が生じた場合，あるいは報道された場合の危機管理のための施策が日頃から用意されているか否かを質問した。

7）広報担当者の役割分担の意識

研究機関の科学コミュニケーション活動は社会と研究機関の双方向のコミュニケーション活動であることから，広報担当者と研究者の役割分担についての意識を問う設問も準備した。選択肢として，科学コミュニケーション活動は「広報部門の仕事であると思う」，「個別の研究者の仕事であると思う」，「共同で役割分担をしながら取り組むべきと思う」，「わからない」の4つから1択とした。

8）社会的ニーズの収集方法

繰り返しになるが，科学コミュニケーションは，研究者・研究機関と社会を結ぶ双方向のコミュニケーションである。研究者・研究機関から社会へ向けたコミュニケーション活動とは逆方向の，社会の中の市民・企業・各種団体などから研究者・研究機関へ向けたコミュニケーションも極めて重要である。特に地域の保健医療問題，環境エネルギー問題，地場産業振興などの地域に特有の課題では，課題解決のために地域の大学や地方自治体が設置する公設試験研究機関等が主要な役割を果たすことは頻繁にあるからである。

特にわが国では，2004年の中央教育審議会大学分科会で，国内の大学に対し，教育と研究に次ぐ第三のミッションを与えた[28]。それは社会貢献であった。社会貢献とは大学が，その研究機能によって今日の日本社会が抱える上記のような社会的課題を解決することである。したがって，日本の大学の研究者はこうした社会のニーズに対応した研究を行うことが求められることになった。こうした社会貢献を，日本の大学が円滑に推進するためには，大学が組織的に社会のニーズに関する情報を収集していく必要がある。大学の社会に向けた窓口でもある広報部門・広

---

[28] 中央教育審議会大学分科会「我が国の高等教育の将来像」2004年9月6日 http://www.mext.go.jp/b_menu/shingi/chukyo/chukyo0/toushin/04091601/003.htm（2019年5月22日閲覧）

報担当者は，どのようなスタンスで，このような業務に取り組むべきか
を明らかにする必要がある。

　そこで本質問票調査では，そもそも，調査対象の各研究機関で外部社
会のニーズを収集する取り組みを行っているか，行っているならば，ど
のような情報収集を行っているのかを質問した。

2.3　調査結果の概要

以下に調査結果の概要を紹介する。

1）広報体制の実態

　調査対象研究機関において，専任の広報担当者を任命している研究機
関は71％，独立した広報部門を設置している研究機関は65.6％であり，
6割を超える研究機関で独立した広報部門を設置していることが判明し
た。広報担当者の職種は87.1％が事務職員であった。教員（大学の場
合）や研究職（公的研究機関の場合）が担っている事例も少ないが
5.4％あることが分かった。

　前記との関連で，広報担当者をどのように選抜し任命しているかにつ
いても尋ねてみた。その結果，事務職員から広報担当者を任命している
事例が約9割で最も多かった。広報実務者の中途採用の事例も1割程度
あった。なお「その他」の事例としては，「学生部長を委員長とする広
報委員会を，各学科長を委員として組織している」，「教授職の中から理
事長・学長がふさわしいと考える者を任命している」といった，教員を
任命している事例も少ないが見られた。また「教員と事務職員が数年毎
の交替で，その任に当たっている」のように教員と事務職員が交替で担
当している事例も1例のみであるが見られた。

　併せて広報担当者の研修方法を尋ねたが，外部の研修プログラムの利
用が43％であった。「その他」が52.7％と最多であった。「その他」の

具体例としてOJTが挙げられたほかに，「マスコミ出身の広報室長が指導している」や「マスコミ経験者を担当に命じている」ため，研修自体があまり必要でないという自由回答が見られた。

　また，カテゴリー（質問票の設問13参照）の中の「科学コミュニケーター養成プログラム」とは，文部科学省と科学技術振興機構（JST）が，2005年度から2009年度まで旧科学技術振興調整費によって推進した「新興分野人材養成」事業により採択された科学コミュニケーターの教育プログラムのことである。「北海道大学・科学技術コミュニケーター養成ユニット」，「早稲田大学科学技術ジャーナリスト養成プログラム」，「東京大学科学技術インタープリター養成プログラム」等の各大学による人材養成プログラムが推進された[29]。今回の質問票調査は，これらの人材養成プログラムの助成事業が終了した直後の2010年に実施したのであるが，これらのプログラムから広報担当者が採用された，あるいは広報担当者の研修に活用された事例は見られなかった。

　ただし旧科学技術振興調整費による助成が終了した2010年以降も各大学の科学コミュニケーター教育プログラムは継続している事例（北海道大学CoSTEPなどがある）が多いので，2010年以降に採用がなされた可能性は除外できない。

　また，「第3期科学技術基本計画」の第4章第2節「科学技術に関する説明責任と情報発信の強化」の政府方針については，「方針と内容を良く知っている」という回答は6.5％と1割にも満たなかった。回答者の9割以上に当該政府方針の内容は十分には周知されていないことが分かった。

---

[29] 各プログラムの詳細の紹介はこちらのWEBを参照されたい。
「サイエンスクリップ　科学コミュニケーター養成講座のこれまでとこれから—英国インペリアルカレッジを参照しつつ考える」https://scienceportal.jst.go.jp/clip/20160115_01.html（2019年5月22日閲覧）

2）研究機関組織内情報収集の方法と所属研究者の協力実態

広報担当者は研究機関組織内の情報をいかにして収集しているかについて質問した。研究者の自己申告による情報収集が52.7％であった。広報担当者が各研究者に定期的に問い合わせを行っている事例が10.8％であり，定期・不定期に情報収集の場を設けている事例が16.1％であった。「その他」の回答も17.2％あった。

「その他」の具体的な自由回答内容としては，「研究業績システム（市販パッケージ）を利用している」のように組織内のイントラネット上に構築した情報収集システムを活用している事例，「毎年行う研究者の業績評価の際に各研究者から提出される自己申告書」や「各研究者が毎年研究成果報告書を提出することを義務付けている」，「自己点検評価として毎年年報を発行し，本学のホームページで公表している」のような研究業績評価のための収集データを二次活用している事例が見られた。また「研究所の年報，学会等における発表から主に情報を得ている」，「広報用のパンフレットなどの作成時，ホームページのデータ更新時にも行っている」，「学術図書情報課で取りまとめている公式ホームページの研究者紹介，産学官連携用パンフレット（RENKEI）の情報から収集」，「毎年度研究者の情報を掲載した『研究者紹介集』を作成しており，その際に情報収集している」のような広報媒体からのデータ収集の事例も挙げられた。この他に，「内部資料等により収集している」，「学術研究支援部署から随時情報収集を行っている」，「広報部会では扱わず，他委員会等で行っている」等，広報部門以外の部署からの情報収集の事例も見られた。

以上のような，広報担当者の情報収集活動に対して，組織内の研究者が協力的か否かの設問の回答結果は「大変協力的である」，「協力的である」を合わせて74.2％を占めており，調査対象研究機関の研究者の多くが広報担当者の情報収集活動に協力的であることが判明した。なお「協力的でない」という回答は存在しなかった。

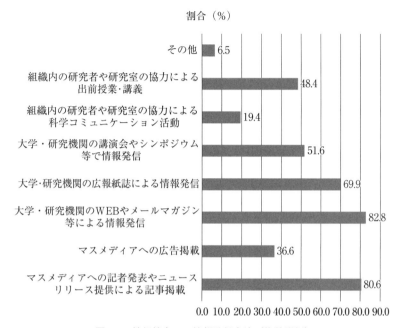

図 2.1　外部社会への情報発信方法（複数選択）

3) 外部社会への情報発信の方法

　各研究機関が，どのような方法で外部社会へ情報発信しているのかを図 2.1 のような選択肢を設定して質問した。マスメディアへの記者発表やニュースリリース提供による記事掲載などの基本的な広報（パブリックリレーションズ）活動が 80.6％の研究機関で実施されていた。WEBやメールマガジンなどのインターネットを活用した情報発信が 82.8％と，広報紙誌のような紙媒体の利用割合（約 7 割）を超えて多かった。研究者・研究室の協力による「出前授業・講義」は 48.4％と半数近い研究機関で行われていることが分かった。研究者・研究室の協力によるサイエンスカフェなどの科学コミュニケーション活動は 19.4％と 2 割程度の研究機関で行われていることも分かった。有料のマスメディアへの広

38 第 2 章 大学及び公的研究機関における科学コミュニケーション活動の実態

告掲載は 36.6％と 4 割に満たないことも明らかになった。なお，「その他」の回答としては，「展示会での出展活動」，「今後『大学総合案内』の発行を予定している」，「内向け広報（トップのポリシーや，大学構成員等関係者の共通理解など）」，「研究所の実験施設見学」，「授業公開（対象：高校生）」，「オープンキャンパス」，「選択肢番号 1（マスメディアへの記者発表やニュースリリース提供による記事掲載），選択肢番号 2（マスメディアへの広報掲載）など重視しても現実的に出来ないことが多い」などの回答が見られた。

4) 報道機関との連携の有無と被報道状況モニタリングの実態

広報担当者と新聞社，雑誌社，テレビ局，ラジオ局等の報道機関との連携の度合いについても質問を行った。この設問の意図は前記のように広く社会へ向けた広報を実現するには，報道機関との連携が不可欠であると考えられることから設定したものである。

報道機関と，「大変密接に連携している」と「密接に連携している」と回答した広報担当者の割合は合計で 40.9％であった。報道機関と密接な連携がなされている研究機関は全体の半数に満たないことが判明した。

広報担当者が所属研究機関のマスメディアにおける被報道状況をどれだけ把握しているかを問う設問については，マスメディアに報道される所属研究機関の記事等のモニタリングを行っている割合は，定常的に行っている研究機関が 52.7％であり，半数の研究機関でマスメディアのモニタリングを行っていることが判明した。モニタリングを時々行っている研究機関も 29％と 3 割近くにのぼることが分かった。

次に「定常的にモニタリングし把握している」と「定常的ではないが，時々モニタリングし把握している」と回答した 76 件の研究機関に対して，モニタリングによって得た内容を当該研究機関の広報戦略立案の参考にしているかを質問した。65.8％の研究機関が「はい」と回答し

た。

5）広報戦略立案への研究機関経営層の関与の実態

研究機関の広報戦略立案に対して，当該研究機関の経営層，たとえば国公私立大学であれば学長，副学長，理事等，公的研究機関であれば研究機構長，研究所長等が関与しているか否かについて質問した。「経営層が参加し強く関与している」と「経営層の関与はなされている」を合計すると71％となり，7割の研究機関で広報戦略の立案に経営層が関与していることが判明した。

6）危機管理のための方策の有無

研究組織内で不祥事が発生した際には，報道機関に対応する広報部門と広報担当者の役割は重要になる。そこで，もしも組織内で何らかの不祥事が発生し，マスメディア等に発表の必要が生じた場合，あるいは報道された場合の危機管理のための施策が日頃から用意されているか否かを質問した。既に準備が出来ていると回答した研究機関は41.9％で，整備中または今後整備する予定と回答した研究機関は36.6％であった。「整備していない」と回答した機関も14％あった。

7）広報担当者の役割分担の意識

研究機関のアウトリーチ活動における広報担当者と研究者の役割分担についての意識を質問した結果を以下に示す。

なお既に記述したように，研究者・研究機関主体の科学コミュニケーション活動を，本質問票調査では「アウトリーチ活動」と表現した。

その結果であるが，研究機関と社会との双方向のコミュニケーション活動であると考えられるアウトリーチ活動では，研究組織内の研究者と広報担当者が共同で役割分担をしながら取り組むべきという回答が78.5％を占めた。当初の想定では，専門的な研究内容を含むアウトリー

チ活動は個別の研究者の仕事であるという回答が多いと予測したが，そ
れは完全に外れたと言える。そもそも，アウトリーチ活動それ自体も広
報部門の仕事であるという回答も 12.9％あった。

なお「アウトリーチ活動」の定義については，質問票内に「ここでは
『アウトリーチ活動』は大学・研究機関・研究者と外部社会との双方向
コミュニケーションを指すものと狭く定義させていただきます」と注と
して記載した。このように定義を明記しているのでアウトリーチ活動の
概念についての回答者各位の認識の差はあまりなかったと考えられる。

8）社会的ニーズの収集方法

本質問票調査では，そもそも各研究機関が外部社会のニーズを収集す
る取り組みを行っているか，行っているならば，どのような情報収集を
行っているのかを質問した。この設問については，筆者は「特にそのよ
うな活動は行っていない」という回答が最も多いであろうと予想してい
た。明らかに広報部門の職掌外の業務であることは明白だからである。
確かに 2004 年の中央教育審議会大学分科会答申は，教育と研究に次ぐ
第三のミッションとして社会貢献を規定した。しかし社会貢献のための
テーマとなる社会的ニーズの探索は，通常の広報の業務からは些か外れ
ている。ミッションとしては，TLO や産学官連携本部などが取り組む
べき業務と考えられた。

ところが，実際に回答を見ると 6 割近い研究機関（実数では 54 件）
が，種々の情報収集活動を行っていたのである。また「現在は行ってい
ないが，今後は進めたい」という回答も 12.9％見られた。社会的ニーズ
の情報収集方法としては，「他大学，高専，独立行政法人等公的大学・
研究機関等とのコンソーシアム等の連携の機会や窓口を設けて推進して
いる」が 44 件（47.3％）で最も多かった。次いで「隣接する自治体の生
涯学習課，教育委員会，高校，中学，小学校等との連携の機会や窓口を
設けて推進している」が 43 件（46.2％），「自治体や官公庁との連携講座

2.4 本章のまとめ 41

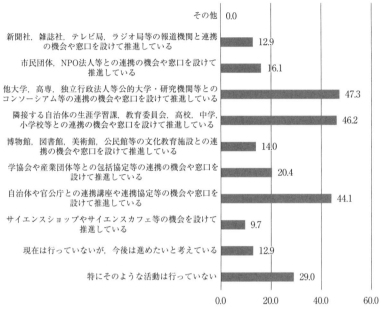

図 2.2 社会的ニーズの収集方法（複数選択）

や連携協定等の機会や窓口を設けて推進している」が 41 件（41.1％）という順であった。

2.4 本章のまとめ

以上で，本質問票調査結果を概観した。前章にも記述したように，科学コミュニケーションの先行研究において，大学などの研究機関の組織的活動に着目した研究は少なかった。そうした中でわが国の国公私立大学と独立行政法人等公的研究機関の広報部門に対して直接，質問票調査を実施し入手した知見は，これからのわが国の科学コミュニケーション

活動を活性化していく上で重要な資料になると言える。

　本質問票調査で入手できた知見をまとめると以下のようになる。

　調査対象研究機関の約7割で，専任の広報担当者を任命し，独立した広報部門を設置していた。各研究機関は組織的に広報業務に注力している。広報担当者の9割は事務職員から任命しており，科学コミュニケーション活動の専門家を採用する事例は93件中11件と少なかった。但し，研究所の場合に研究職を，大学の場合に教員を広報担当者に任命している事例も7件と少ないが絶無ではなかった。広報担当者を外部研修プログラムに派遣し訓練を行っている事例も43%で見られた。文部科学省・科学技術振興機構（JST）が2005年度から2009年度にかけて推進した旧科学技術振興調整費の「科学コミュニケーター養成プログラム」が活用された事例は見られなかった。

　なお，「第3期科学技術基本計画」に示された「科学技術に関する説明責任と情報発信の強化」の政府方針については，「方針と内容を良く知っている」という回答は全体の1割にも満たなかった。回答者の9割以上に当該政府方針の内容は十分には周知されていないことが分かった。これはわが国の科学技術政策推進の観点からは深刻な問題である。政策当局にとっては，各研究機関への基本計画の周知が重要な課題であると言える。

　広報担当者が組織内の情報をいかにして収集しているかについては，半数が研究者の自己申告であった。広報担当者による情報収集の割合は全体の4分の1であった。約17%が研究者の業績リスト等の二次資料から情報を収集していた。

　広報担当者の情報収集活動への研究者の協力度合いであるが，全体の約75%が協力的であるという回答であった。今回の調査対象研究機関——科研費を受託している研究機関ということであるが——の研究者は学協会等の研究者コミュニティの中だけでなく，広く社会へ向けた情報発信にも協力的であるということが判明した。

新聞社やテレビ局などの報道機関との連携については，密接に連携していると回答した研究機関は約4割で半数に満たなかった。一方，そうした新聞やテレビなどのマスメディアで被報道状況をモニタリングしている研究機関は，定常的・非定常的を合算すると8割で行っているということも分かった。また65％の研究機関でモニタリング結果を広報戦略立案に活用していることが分かった。

企業等では，広報活動への経営層の関与は一般に重要であるとされているが，今回の調査結果から，各研究機関で，経営層（大学であれば学長等，公的研究機関であれば研究所長等）が関与している割合は7割に達していた。

近年，研究機関において不祥事が多発していることは否めないが，そうした場合の危機管理対策が広報部門において準備されている事例は41.9％と，2010年の段階では半数以上の研究機関で準備が出来ていないことも明らかになった。

今回の調査結果から，必ずしも広報部門の業務とは言えない可能性の高い，社会と研究機関を双方向で結ぶアウトリーチ活動（科学コミュニケーション活動）への取り組み，特に研究機関を取り巻く社会のニーズについての情報収集を行っている研究機関が実数にして54件も見られた点は筆者としては想定外であった。しかも広報担当者自身の意識も，科学コミュニケーション活動に広報担当者が研究者と共同で役割分担をしながら取り組むべきという回答が8割近くを占めたことは，同様に全く想定外であった。

なぜ各研究機関の広報担当者は，このように科学コミュニケーション活動に前向きなのだろうか。また所属する研究者の75％が広報担当者に協力的であったという事実と併せて，このように広報担当者と研究者が望ましい協力関係を構築していくには，どのような環境を整えれば良いのだろうか。

以上の得られた知見と疑問をもとに，次章では，研究機関の広報部

門・広報担当者と，所属する研究者の望ましい協力関係を構築していくにはどうすればよいのかを，本調査で入手したデータの統計解析によって明らかにしていく所存である。

第3章
大学及び公的研究機関向け
質問票調査結果の統計解析 (1)
——広報体制と研究者の協力——

　本章では，前章で概要を紹介した大学及び公的研究機関向け質問票調査で入手したデータの統計解析をもとに大学及び公的研究機関とそこに所属する研究者の科学コミュニケーション活動における協力関係に焦点を当て，広報体制特に広報部門・広報担当者と研究者の協力関係の分析を行う。このような検討は研究機関の科学コミュニケーションに関わる組織活動の活性化を促進する上で重要と考えられる。以下に検討結果を紹介する。なお，本章で使用するデータは，筆者が『日本経営システム学会誌』に掲載した2編の論文から，同論文の著作権を有する日本経営システム学会の許可を得て転載したものである[30]。

3.1　科学コミュニケーション活動への研究者の協力要因

　先行研究では，坂野上淳の「世界トップレベル研究拠点（WPI）」をモデルケースに，国際化していく研究所において必要とされる事務改革

---

[30] 以下の2編の論文である。
　小林俊哉・長平彰夫「大学等研究機関の科学技術コミュニケーション活動活性化における経営組織の役割」『日本経営システム学会誌』日本経営システム学会 Vol.34, No.2 143-149頁，2017年
　小林俊哉・長平彰夫「国内大学の科学技術コミュニケーションにおける組織活動」『日本経営システム学会誌』日本経営システム学会 Vol.33, No.3 227-233頁，2017年

と事務職員の科学リテラシー向上の観点から研究機関の科学コミュニケーション活動上の課題について検討を行っている事例を紹介した。また岡田小枝子，渡辺政隆らは，研究機関の科学技術広報は，研究広報と組織広報という二つの側面を持ち，組織内で部署別の各広報担当者の適切な協働が必要であると指摘していた。また研究者の広報への関与も重要であり，研究者倫理という枠の中で研究者が果たすべき広報活動，広報担当者との協働関係，さらに組織における広報担当者の位置づけの明確化が重要であると指摘している。

またメディアおよび研究者との間で，広報担当者はメディアと研究者を媒介する潤滑油の役割であるという認識の共有と，互恵的な関係の構築が求められること。さらに，研究成果のメディア発表については，発表に至る手順の精査や効果的な文章が書ける人材の登用や育成が重要であるが，研究者と広報担当者が適切な役割分担をして仕上げることも現実的な解決策であると記述していた。併せてクライシス時のコミュニケーションを乗り切るためにはメディアとのコミュニケーションに長けた人員を配した適切な体制を取ることが有効であると指摘していたことをここに再度記述する。

以上の指摘は，研究組織の広報部門・広報担当者と所属する研究者の連携の重要性を指摘したものである。坂野上も岡田らも，広報部門・広報担当者と研究者の協力関係の構築・強化の必要性を訴求している。

本章では，大学及び公的研究機関の組織活動としての科学コミュニケーション活動活性化要因の解明を目指して，特に広報担当者の情報収集方法，専任広報担当者・広報部門の有無の影響，大学経営層の関与等と研究者との協力度合いとの関連について焦点を当てた解明を行う。

前章で紹介した，質問票調査結果からは，広報担当者の8割近くが科学コミュニケーション活動に広報担当者が研究者と共同で役割分担をしながら取り組むべきと考えていた。また所属する研究者の75%が広報担当者に協力的であったという事実と併せて，このような広報担当者と

研究者が望ましい協力関係を構築していくには，どのような環境を整えれば良いのか。この問題に答えるべく，本章では質問票調査結果から広報部門・広報担当者と研究者の協力に焦点を当てたクロス集計と χ（カイ）二乗検定並びに重回帰分析を行った。その結果を以下に記述する。

3.2　統計解析の方法

統計解析のために，説明変数と目的変数を以下のように設定した。

説明変数：説明変数として以下の 5 点を設定した。
1) 広報担当者の役割分担意識
　広報担当者は，研究機関全体の科学コミュニケーションに加えて，個々の研究者の専門的な研究成果に関わる科学コミュニケーションについても研究者と共に取り組むべき自己の役割として認識している（これを「研究者との協働意識」と命名する）。選択肢の詳細は後述する。

2) 広報担当者の情報収集方法
　研究機関の広報部門・広報担当者は，どのように組織内の研究者から情報を収集しているかを質問した。研究者の自己申告によるものか。あるいは，広報部門・広報担当者が組織的に情報を収集しているかを尋ねた。選択肢の詳細は後述する。

3) 専任の広報担当者任命の有無
　選択肢は「はい」，「いいえ」から 1 択。

4) 独立した広報部門設置の有無
　選択肢は「はい」，「いいえ」から 1 択。

5）研究機関経営層の広報戦略策定への関与の有無

研究機関の経営層（大学であれば学長等，研究所であれば所長等）の，広報戦略策定への関与の度合いを尋ねた。選択肢の詳細は後述する。

目的変数：広報担当者の情報収集に対する研究者の協力度合い

質問票の選択肢として協力の度合いを，「①たいへん協力的である」，「②協力的である」，「③あまり協力的でない」，「④協力的でない」，「⑤わからない」という5段階のリッカートスケールから1択とした。①と②を「協力度合いが高い」，③から⑤を「協力度合いが低い」と集約して設定した。その上で，（①と②）×（③から⑤）の形式で2×2のクロス集計を行った。分析にはIBM SPSS Statistics Ver.21.0を使用しクロス集計並びに重回帰分析を行った。以上のように1）から5）までを説明変数とし，所属研究者の協力度合いを目的変数として設定した。両変数の間に関連はないという帰無仮説を設定した。クロス集計を行った後に，さらに重回帰分析を行い有意確率の検討を行った。

3.3 分析結果

1）広報担当者の役割分担意識（協働意識）と研究者の協力度合いの
　　関連（有意差あり）

先ず広報担当者の協働意識と研究者の協力度合いのクロス集計結果を紹介する。質問票（巻末の参考資料参照）の「設問18　貴大学・研究機関における研究成果の情報発信，いわゆる『アウトリーチ活動（科学コミュニケーション活動のこと）』は，そもそも広報部門の仕事であるとお考えですか。以下の選択肢から一つ選んで番号に○を付けて下さい」を使用した。選択肢は①広報部門の仕事であると思う，②個別の研究者の仕事であると思う，③広報部門と個別の研究者が共同で役割分担をし

3.3 分析結果 *49*

表 3.1 広報担当者の協働意識と研究者の協力度合いのクロス集計結果

| | | | 研究者との協働意識 | | 合計 |
			高い	低い	
研究者の 協力度合い	高い	度数	68	0	68
		%	(100%)	(0%)	(100%)
	低い	度数	16	7	23
		%	(69.6%)	(30.4%)	(100%)
合計		度数	84	7	91
		%	(92.3%)	(7.7%)	(100%)

(注)（ ）内の％は全数に対する割合。無回答の2件を除く。

表 3.2 情報収集方法と研究者の協力度合いのクロス集計結果

| | | | 情報収集方法 | | 合計 |
			自己申告	組織的収集	
研究者の 協力度合い	高い	度数	33	23	56
		%	(67.3%)	(92.0%)	(75.7%)
	低い	度数	16	2	18
		%	(32.7%)	(8.0%)	(24.3%)
合計		度数	49	25	74
		%	(100.0%)	(100.0%)	(100.0%)

(注)（ ）内の％は全数に対する割合で，選択肢中の④その他を除いた74件を全数とした。

ながら取り組むべきと思う，④わからない，の4つから1択とした。①と③を「協働意識が高い」グループとして，②と④を「協働意識が低い」グループとして，（①と③）×2（②と④）のクロス集計の形式にして分析を行った。広報担当者が科学コミュニケーション活動は広報担当者と研究者が共に取り組むべき役割であると認識している場合，すなわち広報担当者の研究者との協働意識が高い場合，研究者の広報担当者への協力度合いが高い割合は100％であった。この結果にはχ二乗検定により有意差が認められ，両変数間に関連はないとする帰無仮説は棄却された（p=0.000）。表 3.1 に結果を示す。この結果について，さらに重回

帰分析を行った。その結果，有意確率は 0.000 となり有意水準 0.05 より小さいので，やはり両変数間に関連はないとする帰無仮説は棄却された。この重回帰分析結果から分かったことは，研究者の協力度合いが高いほど，広報担当者の研究者との協働意識も高くなるということである。

2）研究組織内の情報収集方法と研究者の協力度合いの関連（有意差あり）

研究組織内の情報収集方法と所属研究者の協力度合いのクロス集計結果を表 3.2 に示す。クロス集計にあたっては選択肢の①研究者の自己申告，②広報担当者による研究者への問い合わせ，③広報委員会等による情報収集，④その他の 4 つを用意したので，①以外の②と③を「組織的収集」というカテゴリーに集約し，「④その他」を削除した上で 2（①）× 2（②と③）の形式で分析した。

その結果，研究組織内の情報を広報担当者が組織的に収集している場合，所属研究者が科学コミュニケーション活動に協力的な割合は 92 %であった。この結果には χ 二乗検定により 5 %水準での有意差が認められ（p = 0.019），両変数間に関連はないとする帰無仮説は棄却された。このように広報担当者による積極的な情報収集が所属研究者の協力度合いを高める上で有効であると思われる。しかしながら実態としては広報担当者が組織的に情報収集を行っている大学等研究機関は 74 件中 25 件と全体の 3 分の 1 の割合しかなく少なかったことも事実である。

3）広報体制——専任の広報担当者の有無（有意差はなし）

研究機関が専任の広報担当者を任命している場合に，研究者が科学コミュニケーション活動に協力的な割合は 75.8 %であった。しかし専任の広報担当者を任命していない場合にも研究者が協力的な割合は 72.0 %と高く，その結果にはあまり差がなかった。表 3.3 に結果を示す。この結

表 3.3 専任の広報担当者の有無と研究者の協力度合いのクロス集計結果

| | | | 専任の広報担当者 | | 合計 |
			あり	なし	
研究者の協力度合い	高い	度数	50	18	68
		%	(75.8%)	(72.0%)	(74.7%)
	低い	度数	16	7	23
		%	(24.2%)	(28.0%)	(25.3%)
合計		度数	66	25	91
		%	(100.0%)	(100.0%)	(100.0%)

(注) ( ) の%は全数に対する割合で,無回答の2件を除く。

表 3.4 独立した広報部門の有無と研究者の協力度合いのクロス集計結果

| | | | 独立した広報部門 | | 合計 |
			あり	なし	
研究者の協力度合い	高い	度数	45	23	68
		%	(73.8%)	(76.7%)	(74.7%)
	低い	度数	16	7	23
		%	(26.2%)	(23.3%)	(25.3%)
合計		度数	61	30	91
		%	(100.0%)	(100.0%)	(100.0%)

(注) ( ) の%は全数に対する割合で,無回答の2件を除く。

果は χ 二乗検定によると10%水準でも有意差は認められなかった（p＝0.713)。このため両変数間に関連はないとする帰無仮説は棄却されなかった。したがって,専任の広報担当者の有無は,研究者の協力度合いの高低には,あまり関係はないと見られる。

4) 広報体制——独立した広報部門の有無（有意差はなし）

同様に独立した広報部門の有無と研究者の協力度合いとのクロス集計結果を表3.4に示す。独立した広報部門が設置された大学等研究機関では研究者が科学コミュニケーション活動に協力的な割合は73.8%であった。しかしながら独立した広報部門がない大学等研究機関で研究者が協

52 第3章 大学及び公的研究機関向け質問票調査結果の統計解析 (1)

表 3.5 広報戦略策定に研究機関経営層が関与する場合の研究者の協力度合いの
クロス集計結果

| | | | 経営層の関与 | | 合計 |
			あり	なし	
研究者の協力度合い	高い	度数	53	14	67
		%	(81.5%)	(60.9%)	(76.1%)
	低い	度数	12	9	21
		%	(18.5%)	(39.1%)	(23.9%)
合計		度数	65	23	88
		%	(100.0%)	(100.0%)	(100.0%)

（注）（ ）の％は全数に対する割合で，無回答の5件を除く。

力的な割合は 76.7％となり，むしろ独立した広報部門がない大学等研究
機関の方が約3％高いという結果となった。この結果は χ 二乗検定によ
ると 10％水準でも有意差が認められなかった（p＝0.765）。このため両
変数間に関連はないとする帰無仮説は棄却されなかった。

　専任の広報担当者の有無の場合と同様に，独立した広報部門の有無も
研究者の協力度合いの高低には，あまり関係はないと思われる。

5）広報体制――研究機関経営層の広報戦略策定への関与の有無（有
　　意差あり）

　研究機関の広報戦略策定への経営層（大学であれば学長等，研究所で
あれば所長等）の関与と研究者の協力度合いとのクロス集計結果を表
3.5 に示す。選択肢は，「①組織内に設置された広報委員会や広報部会等
に経営層が参加し強く関与している」，「②組織内には特に広報委員会や
広報部会等は設置していないが，経営層への広報部門担当者による説明
や意見交換の機会は担保しているので，経営層の関与はなされている」，
「③広報戦略立案にあたっては，経営層の関与は強いとはいえない」，
「④わからない」の4つから1択とした。①と②を「経営層の関与あり」
とし，③と④を「経営層の関与なし」というカテゴリーに集約し，

2（①と②）×2（③と④）のクロス集計の形式で分析した。

研究機関の広報戦略を立案するにあたって，当該研究機関の経営層が関与する場合に所属研究者の協力度合いが高くなる場合が81.5％と高くなることが分かった。この結果には χ 二乗検定により5％水準での有意差が認められ（p＝0.046），両変数間に関連はないとする帰無仮説は棄却された。

3.4　本章のまとめ

以上の分析結果から，研究機関の科学コミュニケーション活動の重要な要素である広報活動を活性化する上で必要な広報体制のあり方のいくつかが明らかになった。

先ず研究機関の広報担当者に所属する研究者との協働意識があることが，所属研究者の協力度合いを高める上で必要であることが明らかになった。それに加えて，広報担当者が所属研究者からの情報を組織的に収集している場合に所属研究者の協力度合いが高くなることも分かった。しかしながら組織的情報収集を行っている大学等研究機関は今回の調査では全体の3分の1と少ないということも明らかになった。

その一方で，専任の広報担当者や独立した広報部門の有無は，所属研究者の協力度合いとあまり関係がないということも示され，10％水準でも有意差は観察されなかった。

また研究機関の経営層が，広報戦略策定等に関与している場合に所属研究者の協力度合いが高くなることも認められた。

以上の結果から説明できることは，専従者の任命や専門部署の設置といった組織的な体裁を整えることよりも，広報担当者自身の所属研究者との協働意識と情報収集活動における積極性，そして経営層の関与がある方が所属研究者の協力度合いを高めることに影響を及ぼすということである。一般に経営層の関与は，企業などでも重要とされる取り組みで

あり，それは研究機関でも同様であることが明らかになったと言える。

　今後，わが国の大学等研究機関における科学コミュニケーション活動を活性化するためには，広報担当者の所属研究者との協働意識と積極性，そして経営層の積極的な関与によって所属研究者の協力度合いを高めていく必要がある。次章では，広報部門・広報担当者と報道機関との連携や危機管理など研究機関の外部環境との関係に焦点を当てて分析を行う。

第4章

大学及び公的研究機関向け
質問票調査結果の統計解析 (2)
——報道機関との連携，危機管理と
研究者の協力——

　前章に続いて研究者の協力を高めるための要因を検討する。本章では，研究機関の外部にある報道機関との連携や，研究機関がマスメディアによってどのように報道されているかを把握するためのモニタリング，広報業務として近年，研究機関においても重要性を増している危機管理対策などの 2010 年時点での実情に焦点を当てて分析を試みる。

　本章で使用するデータも，前の第 3 章と同様に，筆者が『日本経営システム学会誌』に掲載した 2 編の論文から，同論文の著作権を有する日本経営システム学会の許可を得て転載したものである[31]。

4.1　報道機関との連携，被報道状況モニタリング，危機管理の重要性

　研究機関が外部の社会とのコミュニケーションをとるためのメディアには，新聞・雑誌・テレビ・ラジオなどの各種マスメディアがあり，これらは社会に多大な影響を及ぼす重要なメディアである。広報担当者

---

[31] 前の第 3 章と同様に，以下の 2 編の論文である。
　小林俊哉・長平彰夫「大学等研究機関の科学技術コミュニケーション活動活性化における経営組織の役割」『日本経営システム学会誌』日本経営システム学会 Vol.34, No.2 143-149 頁，2017 年
　小林俊哉・長平彰夫「国内大学の科学技術コミュニケーションにおける組織活動」『日本経営システム学会誌』日本経営システム学会 Vol.33, No.3 227-233 頁，2017 年

は，定期，あるいは不定期に，これらのマスメディアを構成する報道機関の記者・編集者と接触し，情報交換や意見交換を行うこと，特定のテーマを持たずに行うよりは，特定のテーマを持って交流していくことが望ましく，相互の理解促進につながるとされている。これを「メディアリレーション」という。研究機関において，こうしたメディアリレーションの実態はどうなっているのだろうか。質問票調査では，研究機関と報道機関の連携状況について質問を行っている。その結果は第2章に紹介した通り，報道機関と，「大変密接に連携している」と「密接に連携している」と回答した広報担当者の割合は合計で40.9%であって，報道機関と密接な連携がなされている研究機関は全体の半数に満たないことが明らかになっている。こうした報道機関との連携は研究者の協力度合いを高める上で，どのような影響を及ぼしているのだろうか。

また，広報部門・広報担当者が的確な広報戦略を立案し，有効な広報活動を推進していくためには，研究機関が上記のマスメディアにどのように報道されているか（当該研究機関の被報道状況）を，マスメディアをモニタリングすることによって把握することも不可欠である。第2章でその実態を紹介したように，マスメディアに報道される研究機関の記事等のモニタリングを行っている割合は，定常的に行っている研究機関が52.7%であり，半数の研究機関でマスメディアのモニタリングを行っていることが明らかになっている。このようなモニタリング業務が研究者の協力度合いを高める上で，どのような影響を及ぼしているのだろうか。

さらに，近年，研究機関の不祥事がマスメディアに取り上げられる機会が増えているが，危機管理対策については，これも第2章に紹介した通り，危機管理対策の準備が出来ていると回答した研究機関は全体の約4割で，整備中または今後整備する予定と回答した研究機関は36.6%であった。「整備していない」と回答した機関も14%あった。このような危機管理対策の状況が研究者の協力度合いを高める上で，どのような影

響を及ぼしているのだろうか。

本章では以上について分析を行った結果を紹介する。

4.2 統計解析の方法

統計解析の方法は前章に記述した方法と基本的には同じである。統計解析のために，説明変数と目的変数を以下のように設定した。

説明変数：説明変数として以下の4点を設定した。
1) 研究機関の報道機関との連携状況

質問票の設問は「貴大学・研究機関の広報部門と新聞社，雑誌社，テレビ局，ラジオ局等の報道機関との連携は密接に行われていますか。以下の選択肢から一つ選んで番号に○を付けて下さい」である。

選択肢は「①たいへん密接に連携している」，「②密接に連携している」，「③あまり密接に連携しているとはいえない」，「④密接に連携しているとはいえない」，「⑤わからない」という5段階のリッカートスケールから1択とした。①と②を「連携度合いが高い」，③から⑤を「連携度合いが低い」として（①と②）×（③から⑤）の形式で2×2のクロス集計を行った。

2) マスメディアによる被報道状況のモニタリングを行っているか

質問票の設問は「新聞やテレビ等マスメディアに報道された貴大学・研究機関の記事等のモニタリングを定常的に実施し，その報道内容や報道量の把握をされていますか。以下の選択肢から一つ選んで番号に○を付けて下さい」とした。選択肢は，「①定常的にモニタリングし把握している」，「②定常的ではないが，時々モニタリングし把握している」，「③把握していない」，「④わからない」という4段階のリッカートスケールから1択とした。①と②を「モニタリング実施」とし，③と④を

「モニタリング不実施」として，(①と②)×(③と④) の形式で 2 × 2 のクロス集計を行った。

3) 当該研究機関が危機管理対策の準備を行っているか。

質問票の設問は「貴大学・研究機関の広報部門では，もしも組織内で何らかの不祥事が発生し，マスメディア等に発表の必要が生じた場合，あるいは報道された場合の危機管理のための施策を日頃から用意されていますか。以下の選択肢から一つ選んで番号に○を付けて下さい」とした。選択肢は，「①危機管理の担当者の任命やマニュアル等の準備を行っている」，「②危機管理対策の整備を現在進めている」，「③現時点では危機管理の整備は行っていないが，今後進める予定である」，「④特に危機管理のための施策の整備は行っていない」，「⑤わからない」という 5 段階のリッカートスケールから 1 択とした。①と②を「リスク対策あり」とし，③から⑤を「リスク対策なし」として，(①と②)×(③から⑤) の形式で 2 × 2 のクロス集計を行った。

4) 社会的なニーズ収集を広報部門の業務として認識しているか

本設問では，質問票の設問 20 において「『アウトリーチ活動』（科学コミュニケーション活動）のもう一つの側面である，外部社会のニーズに関する情報を収集するための活動は広報部門の仕事であるとお考えですか」という質問で，広報担当者の意識を問うた。選択肢として，「①広報部門の仕事である」，「②広報部門の仕事ではない，TLO や社会連携部門など他部門の仕事である」，「③広報部門と他部門が連携して推進する仕事である」，「④広報部門の仕事ではない，個別の研究者等の仕事である」，「⑤わからない」，「⑥その他」の 6 つの選択肢から 1 択とした。①と③を「（広報部門の）協働意識が高い」，②と④を「（広報部門の）協働意識が低い」とした。⑤と⑥は削除した。その上で (①と③)×(②と④) の形式で 2 × 2 のクロス集計を行った。

目的変数：広報担当者の情報収集に対する研究者の協力度合い

目的変数は，前章と同じように設定した。質問票の選択肢として協力の度合いを，「①たいへん協力的である」，「②協力的である」，「③あまり協力的でない」，「④協力的でない」，「⑤わからない」という5段階のリッカートスケールから1択とした。①と②を「協力度合いが高い」，③から⑤を「協力度合いが低い」として，（①と②）×（③から⑤）の形式で2×2のクロス集計を行った。

分析には，前章と同様にIBM SPSS Statistics Ver.21.0を使用しクロス集計を行った。1），2），3），4）を説明変数とし，前章と同じく所属研究者の協力度合いを目的変数として設定した。両変数の間に関連はないという帰無仮説を設定し，クロス集計を行い有意差の検討を行った。

4.3 分析結果

1）報道機関の連携状況と研究者の協力度合いの関係（有意差はなし）

報道機関との連携の度合いが高い研究機関で研究者が協力的な割合は48.5％であった。報道機関との連携が低い研究機関で研究者が協力的な割合は51.5％で，ほぼ拮抗していることが分かった。逆に研究者の協力度合いが低い研究機関で，報道機関との連携が低い研究機関の割合は75％であり，研究者の協力度合いが低く，報道機関との連携が低い研究機関の割合が25％という具合に3倍の開きが現れている。以上の結果を表4.1に示す。この結果を χ 二乗検定にかけてみたところ，5％水準では有意差を認めることはできなかった（$p = 0.062$）。このため両変数間に関連はないとする帰無仮説は棄却されなかった。

2）モニタリングの有無と研究者の協力度合いの関連（有意差はなし）

マスメディアの報道を組織的にモニタリングしている研究機関では，研究者が協力的な割合は85.5％であった。表4.2に結果を示す。しかし

60　第 4 章　大学及び公的研究機関向け質問票調査結果の統計解析 (2)

表 4.1　報道機関との連携状況と研究者の協力度合いのクロス集計結果

| | | | 報道機関との連携度合い | | 合計 |
			高い	低い	
研究者の協力度合い	高い	度数	33	35	68
		%	(48.5%)	(51.5%)	(100.0%)
	低い	度数	5	15	20
		%	(25.0%)	(75.0%)	(100.0%)
合計		度数	38	50	88
		%	(43.2%)	(56.8%)	(100.0%)

(注)（　）の%は全数に対する割合で，無回答の 5 件を除く。

ながら，この結果は χ 二乗検定により 10%水準でも有意差は認められ
なかった（p = 0.204）。このため両変数間に関連はないとする帰無仮説は
棄却されなかった。

　有意差が見られなかった原因として，研究機関が私立大学の場合に
は，所属研究者のモチベーションとは無関係に広報担当者が業務として
モニタリングを実施している傾向が強い場合が想定された。私立大学は
学長・理事長等の経営層の権限が，教授会自治が重視される国公立大学
等よりも強いと考えられるためである。

　そこで研究機関を私立大学と国公立大学（公的研究機関含む）とに分
けてクロス集計による分析を行った。マスメディアのモニタリングは，
国公立大学で 87.1%が実施しており，私立大学では 80.6%であった。広
報担当者がモニタリングを実施している場合に研究者の協力度合いが高
い大学は私立大学で 83.0%，国公立大学等で 91.3%と割合にして国公立
大学等の方が 8.3%高かった。但し χ 二乗検定の結果として p 値は私立
大学で 0.410，国公立大学等では 0.236 であった。このように有意確率
は私立大学の方が，国公立大学等より 0.17%低かった。私立大学の広報
担当者と所属研究者のモチベーションの顕著な乖離は認められず，両変
数間に関連はないとする帰無仮説は，国公立大学等と私立大学に分けて
分析しても棄却されなかった。

表 4.2　モニタリングの有無と研究者の協力度合いの関連

| | | | モニタリング | | 合計 |
			実施	不実施	
研究者の協力度合い	高い	度数	59	10	69
		%	(85.5%)	(14.5%)	(100.0%)
	低い	度数	17	6	23
		%	(73.9%)	(26.1%)	(100.0%)
合計		度数	76	16	92
		%	(82.6%)	(17.4%)	(100.0%)

(注)（　）の%は全数に対する割合で，無回答の1件を除く。

3) 組織内で不祥事が発生した場合の危機管理対策（有意差はなし）

　組織内で不祥事が発生した場合に，広報担当者は当該研究組織の危機管理対策について具体的な対策を用意しているか否か。特に研究組織内で不祥事等が発生した場合のマニュアル等が整備されているか否かを問う設問を設定し，所属研究者の協力度合いとのクロス集計を行った。その結果を表4.3に示す。危機管理対策の準備が実施されている大学等研究機関では，研究者が科学コミュニケーション活動に協力的な割合が66.2%であった。しかしながら，この結果にはχ二乗検定により10%水準でも有意差は認められず（p=0.933），両変数間に関連はないとする帰無仮説は棄却されなかった。

　その原因として，モニタリングの場合と同様に大学等研究機関が私立大学の場合，所属研究者のモチベーションとは無関係に広報担当者が業務として危機管理対策を実施している傾向がありうると想定した。そこで先のモニタリングの場合と同様に大学等研究機関を私立大学と国公立大学等に分けてクロス集計による分析を行った。危機管理対策の準備が実施されている割合は，国公立大学等では56.7%で，私立大学では69.4%であった。広報担当者が危機管理対策を実施している場合に研究者の協力度合いが高い大学は私立大学で68.1%，国公立大学等で59.1%と割合にして国公立大学等の方が9%低かった。

62　第4章　大学及び公的研究機関向け質問票調査結果の統計解析 (2)

表4.3　危機管理対策の有無と研究者の協力度合いの関連

			危機管理対策		合計
			あり	なし	
研究者の協力度合い	高い	度数	45	23	68
		%	(66.2%)	(33.8%)	(100.0%)
	低い	度数	15	8	23
		%	(65.2%)	(34.8%)	(100.0%)
合計		度数	60	31	91
		%	(65.9%)	(34.1%)	(100.0%)

(注)（　）の%は全数に対する割合で，無回答の2件を除く。

　このように研究者の協力度合いは，国公立大学等よりも，私立大学の方が1割近く高く当初の想定とは逆の結果が得られた。そして χ 二乗検定の結果であるが，p 値は私立大学で 0.701，国公立大学等では 0.657 であった。このように私立大学の広報担当者と所属研究者のモチベーションの顕著な乖離は認められず，両変数間に関連はないとする帰無仮説は棄却されなかった。また有意確率は私立大学の方が，国公立大学等よりも 0.044%高かった。このように協力度合いの割合と有意確率において，私立大学と国公立大学等におけるモニタリングの場合と逆の傾向が見られたのであった。

　以上の結果から，モニタリングと危機管理対策は研究機関の組織的取り組みであって，所属する個々の研究者の意識との関連は少ないということが分かった。そして国公立大学等と私立大学では，その関連内容に一定の差異があることも分かった。

4) 社会的ニーズ収集での広報担当者の協働意識と研究者の協力度合いの関連（有意差あり）

　最後に4）のクロス集計結果を表4.4 に示す。広報担当者が，外部の社会的ニーズに関する情報収集活動は広報部門の仕事だと考えている場合に，研究者の広報活動への協力度合いが高い割合は 84.6%であった。

表 4.4 社会的なニーズ収集における広報担当者の協働意識と研究者の協力度合い
の関連

| | | | ニーズの収集における
広報担当者の協働意識 | | 合計 |
			高い	低い	
研究者の 協力度合い	高い	度数	55	10	65
		%	(84.6%)	(15.4%)	(100.0%)
	低い	度数	11	7	18
		%	(61.1%)	(38.9%)	(100.0%)
合計		度数	66	17	83
		%	(79.5%)	(20.5%)	(100.0%)

（注）（　）の％は全数に対する割合で，無回答の9件を除く。

この結果には χ 二乗検定により 5 ％水準で有意差が認められ，両変数間
に関連はないとする帰無仮説は棄却された（p = 0.0029）。

4.4　本章のまとめ

　本章における統計分析結果から，モニタリングや危機管理対策といっ
た研究機関の組織的取り組みにおいて広報担当者と所属研究者の協力の
度合いには関連が少ないことが分かった。原因として，前述のように研
究機関が私立大学の場合には，所属研究者のモチベーションとは無関係
に広報担当者が業務としてモニタリングを実施している傾向が強い場合
が想定された。私立大学は学長・理事長等の経営層の権限が，教授会自
治が重視される国公立大学等よりも強いと考えられたためである。しか
し私立大学と国公立大学等に分けてクロス集計を行っても，むしろ私立
大学の方がモニタリングを実施している割合は，国公立大学等よりも
6.5％低いことが分かったのみならず，有意確率でも私立大学の方が，
国公立大学等より 0.17 ％低かった。危機管理については，危機管理対策
の準備が実施されている割合は国公立大学等では 56.7 ％，私立大学では

69.4％で，予想通り私立大学のほうが実施している割合は 12.7％高かった。広報担当者が危機管理対策を実施している場合に研究者の協力度合いが高い大学は私立大学で 68.1％，国公立大学等で 59.1％と割合にして国公立大学等の方が 9％低かった。このように研究者の協力度合いは，国公立大学等よりも，私立大学の方が 1 割近く高く当初の想定とは逆の結果が得られた。そして χ 二乗検定の結果であるが，p 値は私立大学で 0.701，国公立大学等では 0.657 であった。このように私立大学の広報担当者と所属研究者のモチベーションの顕著な乖離は認められず，両変数間に関連はないとする帰無仮説は棄却されなかったのである。また有意確率は私立大学の方が，国公立大学等よりも 0.044％高かった。このように協力度合いの割合と有意確率において，私立大学と国公立大学等におけるモニタリングの場合と逆の傾向が見られたのであった。以上の結果から，国公立大学等と私立大学でその関連内容に一定の差異があることが分かった。

　最後に，社会的ニーズ収集という，広報部門の業務からはかなり外れると見られる取り組みに対して，意外にも全体の 8 割近くの広報担当者は，それを自己の仕事と認識しており，研究者との協働意識が通常の広報業務と同じく高いことが分かった。そして広報担当者の協働意識が高い場合に，研究者の広報活動への協力度合いが高い割合は 85％もあり，この結果についての χ 二乗検定でも 5％水準で有意差が認められた。やはり広報担当者の協働意識は科学コミュニケーション活動を推進するに当たって極めて重要であることが判明したと言える。なお，大学における社会的ニーズの収集の実例については，具体的な事例を第 6 章で検討する。

第5章
広報体制の事例分析
——九州大学の事例をもとに——

　前章までに，大学及び公的研究機関の科学コミュニケーションに関わる組織活動の活性化を促進する上で重要と考えられる要因として，研究機関の広報担当者と所属する研究者との協働意識が所属研究者の協力度合いを高めるために必要であることを明らかにした。

　本章では，国立大学法人 九州大学（以下，九州大学と略す）を事例として大学の広報体制と所属研究者の協力関係について，同大学の広報担当者へのインタビュー調査を実施し，得られた知見をもとに前章までに明らかにした知見のより詳細な検討を行う。それと同時に新たな課題を抽出したので，その内容も記述する。

5.1　広報体制検討の課題

　既に紹介した通り，科学コミュニケーション活動は，今日ではわが国の科学技術振興を図る上で欠かすことができない取り組みとして，国内大学，独立行政法人研究機関，公設試験研究機関，博物館，科学館等の科学研究教育機関で幅広く取り組まれている。

　しかし，大学等研究機関の科学コミュニケーション機能を強化することに焦点を当てた先行研究は決して多いとは言えない。過去十年間に遡って論文を検索してみたところ，以下のような先行研究が抽出された。

先ず科学コミュニケーションを実施する研究機関の経営体制について
検討を行った事例として，研究機関の事務部門の国際的情報発信機能強
化の課題についての坂野上の研究が存在する[32]。

次に広報と科学コミュニケーションの役割分担のあり方についての，
杉山[33]の研究が挙げられる。同先行研究では，科学コミュニケーション
では中立性の担保が重要であり，この点で大学等研究機関の組織的利害
が優先される広報とは区別されなければならないという論点が提起され
ている。

この他に細川の新任大学教員の科学コミュニケーション能力育成に関
する研究のようなファカルティ・デベロップメントの観点からの先行研
究[34]や，大学院教育における科学コミュニケーション能力育成に焦点を
当てた科学教育の観点からの先行研究[35]が見られる。

本書では，大学等研究機関における科学コミュニケーション活動の中
の職員と教員等研究者の相互作用についての解明を目指している点に新
規性がある。本章では，九州大学を事例に，広報と科学コミュニケー
ション活動を担う組織活動と，その中における職員と教員等研究者の相
互協力の実態を明らかにした。

---

[32] 坂野上淳「研究所の事務部門における科学コミュニケーション〜『世界トップ
レベル研究拠点』における事務改革と科学リテラシー向上の試み〜」『科学技術
コミュニケーション』第9号　2011年

[33] 杉山滋郎「科学技術コミュニケーションと大学広報〜『ノーベル賞受賞』後の
情報発信に取組んだ体験から考える〜」『科学技術コミュニケーション』第9号
2011年

[34] 細川敏幸「大学新任教員に期待される科学技術コミュニケーション能力」『科学
技術コミュニケーション』第6号　2009年

[35] 栃内新「理系大学院生が身につけるべき科学技術コミュニケーション能力」『科
学技術コミュニケーション』第7号　2010年

5.2 調査の概要

　以下に本研究における調査の概要を記す。

　本調査の目的は大学等研究機関とそこに所属する教員等研究者の科学コミュニケーション活動における協力関係の実態を明らかにすることである。その前提として大学等研究機関の広報体制，情報収集方法，報道機関との連携体制，教員等研究者の協力度合い等について明らかにすることが必要である。そこで九州大学を事例に，同大学の総務部広報室の担当者にインタビューを実施した。本章ではインタビュー結果及び提供資料を中心に調査結果を記述する。

【調査項目】

　2014 年 8 月 22 日に九州大学伊都キャンパス（福岡市西区元岡 744）の広報室で以下の内容の聞き取りを行った。

調査項目①　九州大学の広報体制の概略

調査項目②　学内の部局や個別研究室の情報収集の方法

調査項目③　部局単位の広報機能

調査項目④　広報室の科学コミュニケーション活動への関与

調査項目⑤　特に広報や科学コミュニケーション活動に熱心な部局や個別研究室

調査項目⑥　教員等研究者は一般的に広報のための情報収集等に協力的か否か

調査項目⑦　広報室と報道機関の連携体制

調査項目⑧　他大学の広報部門との連携体制

調査項目⑨　理事クラスの経営層の広報活動への関与

調査項目⑩　広報活動におけるリスクマネジメントについて

5.3 調査結果

以下に調査結果をもとに，九州大学の広報体制について記述する。

1) 九州大学における広報体制の刷新と過去の広報体制

九州大学においては，2014年1月に広報体制が一新された。それまでは本部の広報室と学内各部局から推薦で1名選出される広報委員によって組織される広報専門委員会によって広報体制が構築されていた。基本的には各部局の教員から選出される1名の広報委員が部局内の情報を広報室に提供するという経路が作られていた。

しかし実態としては，教員等研究者から個別に広報室に提供されるプレスリリースが主な情報源であって（本件については詳細を後述する），広報委員からの情報提供はあまり活発ではなかった。そこで広報体制の刷新が図られた。以下に新体制の概略について記述する。

2) 刷新された広報体制の概略――経営層の関与を強化（調査項目⑨に該当）

2014年1月，九州大学のプレゼンスを向上させ，世界有数の基幹総合大学としての地位を確立することを目指し，九州大学における広報戦略を策定，実行する組織として，有川節夫総長（2014年当時）を本部長とする広報本部が設置された。副本部長として今泉勝己理事（キャンパス環境整備，広報，危機管理担当：2014年当時）・副学長が就任した。

この刷新によって，総長，理事・副学長等の経営層の広報活動への関与は顕著に強化されたと言えよう（調査項目⑨に該当）。

体制刷新の第一の目的は，これまで広報室主導で進められていた広報活動を教員等研究者と共に進めていくことを強化することであった。

3) 戦略立案を管掌する広報戦略会議と実働部隊としての広報戦略推
　進室（調査項目①に該当）

　広報本部は，「広報戦略会議」と実働部隊としての「広報戦略推進室」
（広報室と併存）によって構成されている。広報戦略会議は関係理事，
副学長，総長特別補佐，関係事務部長，その他必要と認められる教員に
よって構成され，広報戦略策定並びに広報戦略に基づく広報活動の進捗
管理を担う。広報戦略推進室は，広報担当理事を室長に，協力教員及び
事務職員等により構成され，広報戦略会議において決定された広報戦略
に基づく広報活動を実施する組織である。同室には室長に対して必要な
助言を行う総合アドバイザーが任命されている。総合アドバイザーは学
内の広報活動に協力的で専門分野が広報に関連する教員（佐藤優副学
長・芸術工学研究院教授，藤村直美芸術工学研究院教授，いずれも
2014年当時），元報道関係者等によって構成されている。室長の下に実
働部隊としての広報チームと渉外チームが設置されている。広報チーム
は大学WEBページの管理・運営，WEBページとブランドデザインの
構築等の業務を行っている。渉外チームは国内外へのブランド戦略，学
内情報の集約・整理等，不祥事等のプレス対応等の実務を担当する。こ
れらのチームにはICTやデザイン等の専門性を備えたテクニカルス
タッフ，英文エディティング等を担当するネイティブスタッフ等の専門
職が配置されている（以上については図5.1を参照）。

　なお不祥事等のプレス対応が渉外チームの所管とされているが，2014
年現在，明文化された対応マニュアル等は用意されていない（調査項目
⑩に該当）。

4) 学内各部局との連携体制——情報の集約と発信（調査項目②，⑦，
　⑩に該当）

　九州大学の学内各部局との連携体制として，各部局から選出される協
力教員を核として図5.1に示すような情報収集体制が構築されている。

協力教員は前述の部局ごとの広報委員と同様に部局等における教育・研究成果等の情報収集と，広報戦略会議から付託された事項についてのワーキンググループを設置し審議を行うなどのミッションを負う。

　以上が新体制として構築された理由は，広報戦略推進室が教員等研究者からの情報提供を待つのではなくアクティブに学内の教育研究情報を収集するためである。しかし2014年8月の時点では新体制はまだフル稼働の前段階にあり，既存の部局ごとの広報委員並びに部局の事務長，広報担当課長からの情報提供が情報収集の主力であった。広報室は部局ごとの事務長，広報担当課長に部局のスポークスマンとしての働きができるように年4回の研修を実施しているが十分に機能しているとは言えない現状にあった（これは調査項目③に該当）。

　5) 科学コミュニケーション活動は担当せず（調査項目④に該当）

　広報室では，広報とは区別された科学コミュニケーション活動自体については直接運営には携わっていない。大学と社会との双方向コミュニケーション活動である科学コミュニケーション活動については部局単位でサイエンスカフェ（特に附属総合研究博物館は活発に活動している）の開催などを活発に行っており，広報室はそうした取り組みを，九州大学の公式WEBやSNSを使用した広報などで支援している。

　広報室としては個別の教員等研究者の専門分野の中身に踏み込んだ双方向コミュニケーション活動を担うことには困難があり，専門の訓練を受けた科学コミュニケーター等の人材が必要であると考えている。

5.3 調査結果 71

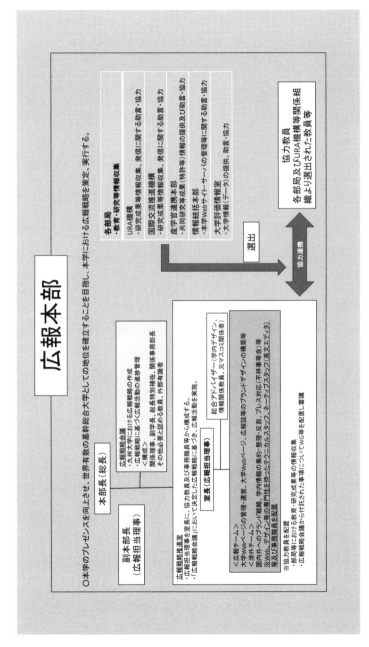

図 5.1 九州大学の新広報体制

資料出所:九州大学総務部広報室提供

72 第5章 広報体制の事例分析

表5.1 九州大学のプレスリリース件数年次推移

年度	プレスリリース件数	左記の内，研究成果に関するもの（件数と%）
2010 年度	139	27 （19%）
2011 年度	165	52 （31%）
2012 年度	177	57 （32%）
2013 年度	158	49 （31%）

資料出所：九州大学総務部広報室提供

6) 教員等研究者の広報と科学コミュニケーション・アクティビティ（調査項目②，⑤に該当）

最後に，九州大学の教員等研究者の広報と科学コミュニケーション・アクティビティの現状について記述する。

表5.1 に，学内の教員等研究者から広報室に提出された過去4年間のプレスリリースの件数の年次推移を示す。2010 年度から 2011 年度の間に研究成果に関するプレスリリースが 10% 程度増加し，その後3年間約 30% の割合を保っている。但し九州大学の教員数は，助教から教授まで総数で 2,099 人，ポスドク等の研究員が 543 人在籍しており（いずれも 2016 年5月現在），プレスリリースを提出する教員等研究者の割合は 2013 年度の場合で約6% しかないとも言えるのである。通常の研究者は学協会等の研究者コミュニティ内での発表が本来のミッションであり，一般社会への情報発信に熱心になるモチベーションは，本来はあまりないと考えられる。そうした取り組みに充てる時間と労力は原著論文の執筆に充てたいというのが真情ではないだろうか。しかし九州大学では近年教員等研究者による一般社会へ向けた情報発信は増加傾向にある。広報室担当者の印象では，研究成果を多く出す教員等研究者ほど一般社会へ向けた情報発信に熱心な傾向があるという。これは前記のような一般的な研究者のモチベーションとは異なる傾向に見える。このような傾向が九州大学に特有な傾向なのか，他大学でも同様の傾向があるの

かは検証する必要がある。

5.4　本章のまとめ

本章では九州大学を事例に，大学等研究機関の広報・科学コミュニケーション実施体制の現状を概観した。その結果，明らかになった事実を以下に記述する。

広報戦略の策定への経営層の関与は大きい

まとめると，九州大学の広報部門である広報室は，総長と副学長・理事の直轄組織である広報本部に設置され，広報戦略会議を通して経営層が広報戦略立案に関与している。広報担当者は各部局の協力教員を通して学内の研究情報等を収集している。以前は，広報担当者と各教員の連携は必ずしも密接ではなかったが，2014 年の広報体制刷新によって，連携の強化が期待されているということである。

科学コミュニケーション活動について広報部門は担当しない

広報室では，広報とは区別された科学コミュニケーション活動については携わっていない。九州大学では研究者と社会との双方向コミュニケーション活動である科学コミュニケーション活動については部局単位でサイエンスカフェの開催などを活発に行っており，広報室はそうした取り組みの広報などで支援を行っている。広報室としては個別の教員等研究者の専門分野の中身に踏み込んだ双方向コミュニケーション活動を担うことには困難があり，専門の訓練を受けた科学コミュニケーター等の人材が必要であると考えている。

広報担当者の協働意識

筆者の最も明らかにしたい調査項目が，九州大学の広報担当者の協働

意識についてである。2014 年に実施された広報体制刷新の第一の目的
は，それまで広報室主導で進められていた広報活動を教員等研究者と共
に進めていくことを強化することであった。このように協働性を高めよ
うとする組織的な取り組みは強化されている。また筆者がインタビュー
を行った広報室スタッフの個々人のメンタリティとしての協働意識は高
いと見受けられた。一方教員の側であるが，学内の各部局からは，広報
室との連絡を担当する協力教員が 1 名選出される。各部局長が広報活動
に適した資質を持つと推測できる教員を候補として推薦して任命する。
こうした協力教員は，一般的な教員よりも広報活動に前向きな教員が多
いと思われるので，九州大学の広報活動は広報体制の刷新により今後活
性化していくことが期待できよう。

社会への情報発信は教員の自主性にまかされている

　2014 年度の現状では，外部社会への情報発信は教員等研究者の自主
性にまかされている。これは，専任教員だけでも 2,356 人を抱える大規
模総合大学であればやむをえないことであろう。しかしながら研究者と
してのアクティビティの高い教員等研究者ほど外部社会への情報発信へ
のモチベーションが高いという傾向が見られると広報室スタッフは証言
している。これは注目すべきポイントであると思われる。その背景や他
大学の状況との比較等の検証が必要である。

　九州大学において，今後，科学コミュニケーション活動を活発化させ
ていくためには，協働意識の高い広報部門スタッフと各部局から選出さ
れる協力教員との連携を密にしていくことが成功の鍵となるだろう。

第6章

社会的ニーズ収集具体例の事例分析
——北陸先端科学技術大学院
大学の事例をもとに——

第4章において，質問票調査結果から，社会的ニーズ収集という広報部門の業務からは，かなり外れると思われる取り組みに対して，意外にも全体の8割近くの広報担当者が，それを自己の仕事と認識しており，研究者との協働意識が通常の広報業務と同じく高いということが分かったことを紹介した。そして広報担当者の協働意識が高い場合に，研究者の広報活動への協力度合いが高い割合は85％もあり，この結果についての χ 二乗検定でも5％水準で有意差が認められたことも記述した。こうした広報担当者の協働意識は科学コミュニケーション活動を推進するに当たって極めて重要であることが明らかになったと言えるだろう。そこで本章では，研究機関，特に大学における社会的ニーズの収集の取り組みの具体事例を検討し，そうした研究機関の取り組みの効用について明らかにしたい。

6.1　北陸先端科学技術大学院大学（JAIST）の概要と課題

具体的には，わが国の研究者，特に大学教員はどのような科学コミュニケーション活動と，その中で社会のニーズを収集する活動を行っているのだろうか。本章では，石川県能美市に立地する北陸先端科学技術大学院大学（浅野哲夫学長 Japan Advanced Institute of Science and Technology 以下，大学名を JAIST と略す）を事例に，その実態を明らかにす

写真 6.1 第3回サイエンスカフェを開催したJAISTオープンキャンパスでの集客のための広報活動の様子（2006年6月3日）

資料出所：筆者撮影

る。

　JAISTは国立の新構想大学院大学として，石川県能美市郊外の「いしかわサイエンスパーク（ISP）」に1990年に設置された。情報科学研究科，マテリアルサイエンス研究科，知識科学研究科の3研究科で構成されている[36]。金沢市中心部と東京JR品川駅構内にサテライトキャンパスを設置し，社会人教育を活発に推進している。

　教職員数は，教員186人，職員144人，学生数は3研究科合計で891人（内訳：知識科学研究科：237人，マテリアルサイエンス研究科：241人，情報科学研究科：363人）で，3割を留学生が占め，全入学者の約2割は社会人である。なおこのデータは少し古いが2012年度現在の数値である。JAISTにとって，周辺の地域社会へ向けた科学コミュニケーション活動を推進する上での一番の課題は，地元での知名度の低さであった。先ず設立から二十数年で，旧制第四高等学校の伝統を引き継ぐ同じ県内の金沢大学と比べて歴史が浅いこと。地元の石川県出身者は1割程度と，立地周辺地域からの入学者が少ないこと。そして立地周

---

[36] 2015年4月より，この3研究科は「先端科学技術研究科」に統合された。

辺地域への就職者が極めて少ない等の原因により，地元では「何をやっている大学なのか分からない」という声が圧倒的に多かった。通常，地方の国立大学は，地域出身の学生を教員や企業人・産業人として地域社会に送り出す。また地域の技術的課題に研究室，教員単位で取り組むなど，教育と研究を通じて立地地域に深く結びついている。しかしJAIST の場合，元々このような地域社会との繋がりが極めて希薄であった。

　そこでJAIST では，JAIST 独自の教育研究プログラムにもとづく各種地域連携事業によって立地周辺地域との双方向のコミュニケーション・チャンネルを拡大していくことが組織目標として設定された。その取り組みは「社会イノベーション事業」と命名された（2013 年に「地域イノベーション事業」と改称）。この命名の背景には，バングラデシュ人民共和国において「貧者の銀行」と言われるグラミンバンクを創設したムハマド・ユヌス氏のノーベル平和賞受賞（2006 年）を契機として「ソーシャル（社会）イノベーション」の概念が世界的に注目されるようになったことが挙げられる。実際に 2006 年もしくは 2007 年を「社会イノベーション元年」と呼ぶ向きもある。地球温暖化対策，南北経済格差是正等，21 世紀のグローバルな課題をローカルな地点から解決するための実践を促進するという社会イノベーションの観点が，JAIST の学内外で注目を集めたためである。

6.2　社会イノベーション事業の端緒

　2004 年 11 月 12 日，JR 金沢駅前の日航ホテルにおいて「JAISTフォーラム 2004 知識科学に基づく科学技術の創造と実践―科学技術マネジメントによる地域活性化―」が開催された。同フォーラムには谷本正憲石川県知事，慶伊富長 JAIST 初代学長（2007 年 9 月 20 日逝去）が出席し，地域の課題に JAIST がいかに貢献できるかが議論された。具

78　第6章　社会的ニーズ収集具体例の事例分析

体的にはJAISTが育成する人材が石川県の推進する「産業革新戦略
（地域と産業のイノベーション）」において果たすべき役割が確認され
た。特に慶伊初代学長は同フォーラムのパネルディスカッションにおい
て，JAISTと地域社会との連携活動を強化していく必要性を強調した。
JAISTでは同年以前から，種々の地域連携活動の取り組みは始まって
いたが，前記のJAISTフォーラム以降そうした取り組みは加速され，
特に知識科学研究科では様々な地域連携活動がスタートした。表6.1に
それらの取り組みの一覧を紹介する。

6.3　地域社会のニーズを収集する方法としての学官連携協定

　JAISTは，2006年春に，社会イノベーション事業を円滑に推進する
ために，それまで行われてきた地域との協働・貢献事業を，さらに包括
的・組織的に取り組む試みとして，JAISTの立地する石川県能美市お
よび近隣の加賀市との学官連携協定を締結した。
　能美市に立地しているJAISTは，2006年以前より公開講座，サマー
スクール，セミナーや講演会といった，地域に向けた様々なイベントを
実施していた。その中には能美市主催，JAIST共催でJAISTの研究者
が講師を務める，先端科学ふれあい講座「能美おもしろサイエンス」も
含まれ，開催は21回を数えた。このような地域交流がある中で，2006
年4月7日に能美市の酒井悌次郎市長（当時）とJAISTの潮田資勝学
長（当時）が協定書に調印し学官連携協定が締結された。同協定の目的
は，大学所有の知的財産を活用することによって，地域と連携し，能美
市の社会，経済等の活性化及び「まちづくり」などの課題解決に関し，
相互の自主性を前提とした協力関係を可能な範囲で推進していくことに
あった。その主な内容は，①能美市のまちづくり，②地域文化・産業の
振興と創出，③能美市に必要な高度な人材の育成，④生涯学習・国際交
流等の地域活動などであった。JAISTはほぼ同時に，近隣の加賀市と

表 6.1　JAIST における社会イノベーション事業の一覧

事業種別	事業概要
北陸地域の社会人リカレント教育プログラム	**「いしかわ MOT スクール」開講** 　2005 年秋に地域の社会人を対象に「いしかわ MOT スクール」を金沢サテライトキャンパスで開講した。北陸地域の若手企業人に技術経営・知識経営を教育し，修了生組織（いしかわ MOT シンジケート，現在 60 名以上）を結成させ，知識科学研究科教員・若手研究者も参加して，新事業の展開，共同研究の実施などにより交流の深化を推進した。地元社会との結びつきの強化の最初の一歩となった。 **「のと・七尾人間塾」活動と「石川経営天書塾」運営支援** 　同じ 2005 年，知識科学研究科の近藤修司教授が中心となり「のと・七尾人間塾」を開講している。地域社会の経済人・企業人・行政担当者等を対象にイノベーションの実践塾を開講し地域から高い評価を得ている。また同年秋，地域産業にイノベーションを引き起こす次世代経営人材育成を目的とした「石川経営天書塾」が石川県産業政策課の主導でスタートした。JAIST は，この石川県の施策に，カリキュラム立案，教材制作，講師派遣等の支援を行っている。
産学連携活動	**地域のリーディングカンパニーとの連携活動** 　2006 年夏に，石川経営天書塾で使用したケース教材制作のためクスリのアオキの青木保外志社長にインタビューを実施。クスリのアオキは，2006 年 2 月 17 日に東京証券取引市場への上場を果たした。北陸地方の，それもサービス業からの久々の上場として地元マスメディアの注目を集めた。その後，2007 年には同社との共同研究契約が締結。クスリのアオキ 100 店舗（北陸 3 県と新潟県）の全店舗スタッフを対象とした意識調査のためのアンケート調査並びにインタビュー調査を実施。調査結果に基づく社内教育システムの提言を行った。
学官連携活動	**「地域再生システム論」開講** 　2006 年秋には「地域再生システム論」を内閣府との連携において全国に先駆けて開講した。JAIST 学生と地域の社会人 100 人以上が参加し，各種の地域再生計画を練り上げ，国県市への働きかけを実践している（2013 年時点では「地域活性化システム論」と改称している）。

> **能美市，加賀市との学官連携協定締結**
>
> 　2006 年 3 月には JAIST と能美市，そして 4 月に近隣の
> 加賀市と「学官連携協定」を締結した。両市が抱える社会
> 的課題を JAIST 教員・学生と自治体職員等とが解決策を
> 模索する組織的枠組みに基づくプロジェクトである。2006
> 年以降，毎年十数件提案され，博士前期課程並びに博士後
> 期課程学生の研究テーマとして学生主体の取り組みがなさ
> れている。主なテーマは，「携帯電話プロジェクト対策会
> 議」，「里山振興」，「まちづくり人材育成」，「サイエンスカ
> フェ開催」等

も学官連携協定を締結した。加賀市との連携協定は，2006 年 4 月 19 日
に大幸甚市長（当時）との間で交わされた（写真 6.2）。その内容は，能
美市と同様に包括的なものであるが，「加賀市の施策推進のための調査，
情報収集，情報提供，技術サービス」と一歩踏み込んだものとなってい
た。この差については，特に大幸市長が連携協定の締結を主導し，その
意図が明確であったことが反映されている。能美市・加賀市両市と
JAIST との学官連携協定締結には次のような意図がある。先ず地域の
大学として JAIST は，地域社会のニーズを正確に的確に収集する必要
がある。連携協定締結によって，JAIST は能美市と加賀市という両自
治体が収集し，ある程度体系化した形の地域ニーズの情報提供を受ける
ことができるようになった。自治体には，その管轄地域の様々な社会的
ニーズの情報——保健医療，地域環境，都市計画・まちづくり，防災，
地場産業振興，雇用，教育，等々——が集まるからである。両自治体
は，そうした課題を市民や域内の企業，各種団体から収集し，個別連携
テーマとして JAIST に提示する。参考のために表 6.2 に能美市から
2007 年度に提示された 10 件の研究テーマの課題名を示す。各連携テー
マについて，JAIST の教員と学生が取り組めると判断されたものが能
美市と JAIST の共同研究テーマとして採択され，能美市側から研究費
が助成される。研究期間は原則として 1 年以内で，年度末に市側への報

写真 6.2 潮田資勝 JAIST 学長（写真右）と加賀市の大幸甚市長（写真左）との学官連携包括協定締結調印式（2006 年 4 月 19 日）
資料出所：JAIST 提供

告が行われる。研究成果を論文・学会発表の形式で公開することは妨げないとされた。

こうして元来，地域社会との連携が十分とは言えなかった JAIST は，立地自治体を通して社会的ニーズを効率的にかつ的確に収集する経路を得ることができたのである。これらのテーマの中には，その後，2013 年まで継続的に推進されたテーマもあり，JAIST と両自治体の信頼関係を構築・強化する上で有効な方法となった。これらの連携テーマの中に，科学コミュニケーション活動の実践自体をテーマとした事例がある。当該テーマについて次節で詳細に記述する。

6.4 学官連携協定を基礎とする科学コミュニケーション活動としてのサイエンスカフェ

前述の学官連携協定の枠内で，JAIST と能美市の協働事業として「サイエンスカフェ」が挙げられた。サイエンスカフェは，JAIST の研究者と市民を結ぶ典型的な科学コミュニケーション活動の一つである。JAIST では，学官連携協定に基づき，能美市民を対象としたサイエン

82　第6章　社会的ニーズ収集具体例の事例分析

表6.2　2007年度能美市学官連携協定研究テーマの一覧

No.	課題名
1	携帯電話プロジェクト対策会議（能美市家庭教育委員研修プログラム）
2	里山の地域資源を生かした産業の育成と市民・学術機関・企業・行政による協働体制の構築
3	認知症高齢者の増加を防ぐための環境システムの構築
4	地震，風水害，土砂崩れ等の災害時における災害情報共有化体制の構築
5	官民協働のまちづくりへ向けた人材育成
6	サイエンスカフェの開催
7	新たな公共空間「協働」のシステムづくりに向けた実践―「地元学からはじまる協働の地域づくり」
8	能美市防災行政無線デジタル化に向けて，75町内会を視野に入れた運営等の基礎調査
9	松くい虫被害及び集団間伐材の有効活用と自然環境保全システムの構築
10	カラス対策

資料出所：筆者作成

スカフェの開催を継続的に開始した。サイエンスカフェ（Science Café）とは，1997年から1998年にかけて，イギリスとフランスでほぼ同時発生した研究者と市民を結ぶ双方向のコミュニケーション活動を指す。お茶を飲むカフェのような雰囲気の中で科学を語り合う場，もしくはその場を提供する団体の名称である。日本では，2004年に京都で始められた「科学カフェ京都」が最初の試みとされている。日本学術会議の音頭もあり2005年春季科学技術週間前後から，日本全国で様々なスタイルでサイエンスカフェが実施（「サイエンスカフェ元年」とも呼ばれる）された。2006年4月の科学技術週間では，日本学術会議会員が話題提供者となって全国21か所でサイエンスカフェ開催を行った。これ以降，2018年現在に至るまで，文部科学省，日本学術会議等の政府関係機関により，新しいタイプの科学技術理解増進・科学コミュニケーション活動として科学技術振興機構（JST）を通じて積極的に開催支援を行っている。

　JAISTでは，2005年10月2日に学生とポスドク等若手研究者を中心

に「JAIST SCIENCE CAFE 実行委員会」が発足した。他大学等の先駆的なサイエンスカフェ活動の視察，カフェ運営のためのファシリテータ勉強会などを通し，サイエンスカフェへの理解を深めていった。そして同月 29 日〜30 日に行われた設立されたばかりの石川県立大学第一回学園祭「響緑祭」にサイエンスカフェを出店し，北陸地域では初となるサイエンスカフェの開催を実現した。その後，2012 年度までに 19 回の開催を行った実績を有する[37]。

　以上の取り組みは，2006 年度下期に能美市の関心を得た。同年 12 月には，日本でも初期の取り組みの一つであるサイエンスカフェ「Café Scientifique TOKYO」（2005 年 4 月 5 日第 1 回開催）の開催に尽力した元東京大学助手の中村征樹氏（現 大阪大学准教授）を話題提供者とするサイエンスカフェに参加した能美市企画情報課長（当時）の澤田信市氏から公的な助成の申し出を受けた。能美市民と JAIST との交流の場として期待できるという評価を得ることができたのである。翌 2007 年度より正式に能美市学官連携協定の課題として資金面での助成を継続的に受託することができた。なお，その経過の詳細については別稿[38]をご参照頂きたい。

　2005 年度から 2012 年度までの 8 年間の経験を総括すると，サイエンスカフェは，JAIST 所属研究者と能美市民との双方向コミュニケーションの場として極めて有効であり，科学コミュニケーション活動の要件を充足している。カフェの話題として，光触媒や有機 EL といった，先端科学技術を取り上げることにより，能美市民の関心を喚起し，生涯学習の「学びの場」としても活用可能である。また，携帯電話やイン

---

[37] JAIST におけるサイエンスカフェ実行組織の詳細は http://www.jaist.ac.jp/coe/cafe/ を参照されたい。（2019 年 5 月 22 日閲覧）

[38] 小林俊哉・樽田泰宜「サイエンスカフェを核とした大学・地域社会間のアウトリーチ活動—石川県能美市と北陸先端科学技術大学院大学の事例」『北陸地域研究』北陸先端科学技術大学院大学地域・イノベーション研究センター，第 3 巻第 2 号 53-65 頁，2010 年 11 月

84　第6章　社会的ニーズ収集具体例の事例分析

写真 6.3　左）学官連携協定締結後，最初に実施されたサイエンスカフェの場での液体窒素を用いた低温物理学の実験の様子　右）広報ポスター
2007 年 8 月 7 日に地元の能美市立和気小学校において出張開催したものである。

資料出所：筆者撮影

ターネット等 ICT がもたらす社会問題を，能美市の中高校生を含む市民と大学が共に学び考え，議論する場としても活用されたし，専門家と市民が同じテーブルで語り合えるという場を構築することが実現された。

6.5　4 年間の実践結果の考察——大学が社会的ニーズを収集するために必要な組織基盤

以上に記述した 2004 年 11 月から 2008 度年末までの約 4 年間の JAIST における実践結果について考察する。

1）大学の地域社会における立脚点の変革と組織基盤

通常の大学は，建学以降に創造した知的資源を活用し，教育研究活動を通じて科学技術イノベーションと社会イノベーションを実現することで，社会に存在する様々な課題を解決することが期待されている。とは言うものの，これまでの大学は必ずしも社会的課題に直接対応することを意図して知識創造活動を行ってきたわけではない。

社会的課題を解決するためには，一つの大学内のみの知的資源を広く社会で活用するという視点だけでは不充分である。なぜなら，ほとんどの社会的課題は，地球環境問題や資源エネルギー問題，少子高齢化問題等にも象徴されるようにジレンマ，トリレンマの様相を呈する「複雑」で「大規模」な性質を有し，単一の学問ディシプリンでは対応しきれないことが多いからである。また課題に関係するステークホルダーが多種多様であるケースも多い。そのため地域社会の中に存在する様々な関係者（地域住民，行政組織，民間企業など）と大学はコミュニケーションを密にし，必要な知識（ローカル・ナレッジ）を掘り起こしながら，価値を共創していくというスタンスを取ることが，どうしても必要になる。つまり，「大学内の専門家だけによる知識提供」から「地域社会を巻きこんだ知識創発」へと大学の知的営みを変化させることが，社会的課題に対応する上で必要になる。

4年間のJAISTにおける種々の取り組みは，大学の人材と地域の人々の双方向の「交流場」を構築したことと，交流場を支えるポスドク等若手研究者のコーディネータ的人材育成を進めたところに，その実現を担保しえた要因があったと考えられる。それらの取り組みを支えたJAISTの組織的背景として，JAISTに設置されている知識科学研究科は，元来そうした活動の場を設定することが得意な学問領域であった。そしてこの知識科学研究科を中心に，地域社会の各主体との密接な連携の下，「社会的課題の発見と解決に果敢に挑戦し，社会により良い状況を実現する担い手（社会イノベータ）」の育成を進めることができた。

また以上の取り組みの実行組織として，社会イノベーション事業を推進する学内機関として設置された「科学技術開発戦略センター」[39] が，JAISTの3つの研究科間，学内センター間の協力・協同を担う触媒的役割を，産学連携をミッションとする先端科学技術研究調査センターと

---

[39] 2018年現在，「地域イノベーション教育研究センター」に改称されている。

協力して果たすことができたことも重要である。前述した自治体との学官連携協定プログラムや「いしかわ MOT スクール」のような 3 研究科共同の履修プログラムなどは，戦略センターのような役割を果たす組織がなければ実現は困難であったであろう。また双方向コミュニケーションの科学コミュニケーション活動の重要な部分を担ったサイエンスカフェ運営主体の学生へのサポートも，この組織を中心に行われた。

既に産学連携組織や社会連携組織等の部局を有する大学は，これら既存の組織のスタッフに学際連携の素養を付与することによって，より効果的に大学−地域を結合する社会連携活動を強化することが可能になるであろう。

2) 科学コミュニケーション活動が大学の研究者に及ぼす効果と地域の内生的発展への関与

一方，大学に属する個々の研究者にとって，科学コミュニケーション活動はどのような効果を及ぼすのだろうか。JAIST の事例をもとにするならば，個々の研究者が，あまり接点のなかった地域社会の個々の構成員とのコミュニケーション・チャンネルを，2004 年以降大きく拡張したことによって，それまでなかった産学連携や学官連携，民学連携[40]の新しい事例を生み出すことができた。例えば北陸地域のリーディングカンパニーであるクスリのアオキとの人材育成の取り組みを通じた相互連携の実績などは，それ以前にはなかった産学連携の新しいケースとなった。こうした実績は地域と大学の信頼の基盤となり，地域を対象とした種々の調査研究活動を活性化し，JAIST の個々の研究者にも新しい研究の機会を拡大した。

他方，地域社会の自治体は JAIST と共に前述の産業人材育成や各種産学官共同事業を契機とした地域活性化の新しいプログラムを続々と立

---

[40] ここでいう民学の「民」とは地域を基盤として活動する NPO 団体や個々の市民との連携を指す。

ち上げることが可能となった[41]。これらの事例はJAIST社会イノベーション事業の近隣社会へのスピルオーバー効果を示すものである。こうしたスピルオーバー効果により地域社会の人的資源を涵養し内生的成長にプラスの影響を継続的に及ぼすことも期待できるであろう。

このように考察する根拠として次のことが挙げられる。政府や自治体による補助金や助成事業は一過性の事例が多く継続性に乏しい。しかし地域に根付く大学は，継続的に中長期に亘って地域社会との接点を持ち続け活動することができる。このような観点からJAISTの2004年度から2008年度までの取り組みについて評価を行うことは重要である。

以上の教訓は他大学において決して単純に適用できるものではない。それは各大学が置かれている環境が多様である以上は当然である。今後，これらの教訓を深堀し，適用可能なソリューションを明確化することを推進する所存である。

6.6　本章のまとめ

本章では，研究機関特に大学が地域の社会的ニーズを効果的に収集するためには方法論的，組織的，制度的基盤として何が必要になるかを石川県の北陸先端科学技術大学院大学の社会イノベーション事業を事例に検討を行った。前節の記述からエッセンスとなる要素を再度以下に記述する。

大学と地域を結ぶ「交流場」が必要

学官連携協定による共同研究を活用して，大学の人材と地域の人々の双方向の「交流場」を構築したことと，交流場を支えるポスドク等若手

---

[41] 事例として2007年8月に文部科学省より，JAIST，石川県，能美市，加賀市の共同事業として科学技術振興調整費・地域再生人材創出拠点形成プログラム「石川伝統工芸イノベータ養成ユニット」の採択を受けることができた。

研究者のコーディネータ的人材育成を進めたところに，その実現を担保しえた要因がある。

交流場を支えた組織基盤

それらの取り組みを支えた JAIST の組織的背景として次のものが挙げられよう。

JAIST に設置されている知識科学研究科（現 先端科学技術研究科）は，元来そうした活動の場を設定することが得意な学問領域であった。そしてこの知識科学研究科を中心に，地域社会の各主体との密接な連携の下，「社会的課題の発見と解決に果敢に挑戦し，社会により良い状況を実現する担い手（社会イノベータ）」の育成を進めることができた。その実行組織として，社会イノベーション事業を推進する学内機関として設置された「科学技術開発戦略センター」（現 地域イノベーション教育研究センター）が，JAIST の 3 つの研究科間，学内センター間の協力・協同を担う触媒的役割を，産学連携をミッションとする先端科学技術研究調査センター（現 産学官連携総合推進センター）と協力して果たすことができたことも重要である。前述した自治体との学官連携協定プログラムや「いしかわ MOT スクール」のような 3 研究科共同の履修プログラムなどは，戦略センターのような役割を果たす組織がなければ実現は困難であったであろう。また双方向コミュニケーションの科学コミュニケーション活動の重要な部分を担ったサイエンスカフェの活動運営主体の学生へのサポートも，この組織を中心に行われたことである。

第 7 章

科学コミュニケーションの
応用的展開
──研究倫理教育への応用の可能性──

　わが国では，2014 年の春に STAP 細胞問題という若手研究者の研究不正事件が発生し，科学研究機関の権威が大いに損なわれる事態が発生した。この十年間に日本では，このような研究不正事件が頻発している。

　日本政府は，2014 年より研究不正対策を強化した。その下で 2015 年 4 月以降，日本の各大学院で研究倫理教育が強化された。研究倫理教育は e-learning による教育プログラムを使用している。このプログラムは，研究倫理についての具体的な知識を短時間で大学院生に教えるには有効である。しかし，ごく短時間のテストクイズ形式であり，受講する大学院生に倫理感を自発的に身に付けさせるには不十分ではないかと思われる。大学院生に倫理感を自発的に身に付けさせるための方法として，日本の先端的研究者は，科学コミュニケーション活動が重要であると考えている。科学コミュニケーション活動によって，e-learning ではカバーしきれない倫理感を大学院生に対して涵養することが可能になると思われる。九州大学では実際に，科学コミュニケーションを取り入れた研究倫理教育を大学院生に対して実施している。本章では，科学コミュニケーションの応用的展開の事例として，その内容を紹介する。

90 第 7 章　科学コミュニケーションの応用的展開

7.1　研究不正と科学研究への社会的信頼の低下

2014 年，わが国でも有数の公的研究機関である理化学研究所におい
て STAP 細胞問題が発生し，重大な研究不正事件として社会的注目を
集めた。特に公的資金によって実施される科学研究での不正は日本国民
の不信を招く可能性がある。このため，日本の研究機関では研究不正行
為への対応が求められることとなった。本章では，日本の研究機関，特
に大学における研究不正防止の取り組みを紹介する。日本政府は，
STAP 細胞問題の発生した 1 年後に研究不正防止のガイドラインを作
成して公表している。それを受けて日本の大学では研究倫理教育が積極
的に推進されている。そうした取り組みが適切か否かについて検討を行
う。その後，日本の国立大学法人である九州大学における学生の研究倫
理教育の取り組みを紹介し，その有効性について検討を行った結果を報
告する。

7.2　日本で頻発する研究不正事件

本章末の表に 2005 年から 2016 年の間に日本で起こった主な研究不正
事件を示す。これらは全て新聞，テレビ等のマスメディアで報道された
事件であり，東京大学，京都大学，大阪大学，早稲田大学など日本を代
表する有名大学において，こうした事件が発生している。これらの事件
のうち，特に日本のマスメディアで大きく取り上げられた事件を 3 件抽
出し以下に紹介する。

① iPS 細胞虚偽発表問題（2012 年）

東京大学医学部附属病院の森口尚史特任研究員が iPS 細胞を使った世
界初の臨床応用として心筋移植手術を実施したと発表した。しかし，そ

れが虚偽であることが発覚し，東京大学から懲戒免職処分を受けた[42]。

② 高血圧治療薬バルサルタン問題（2013 年）

京都府立医科大学の松原弘明教授らが行った高血圧治療薬バルサルタンの臨床研究において，その薬に有利になるようにデータが人為的に操作されていた。松原教授は 2013 年 2 月に辞職。同大学が検証した結果，この論文に書かれているような結果は得られなかった。同大学は，そのことを記者発表し，学長らが報道陣の前で謝罪した。この臨床研究には，この薬の販売元の製薬会社であるノバルティスファーマの社員が，その肩書を伏せて研究にかかわっていたことが分かり，後に起訴された[43]。

③ STAP 細胞問題（2014 年）

2014 年 1 月末に，理化学研究所の小保方晴子研究ユニットリーダーらによって STAP 細胞の発見が発表された。しかし様々な論文不正の疑義から 6 月に論文は撤回され，7 月 2 日にはネイチャーから取り下げられた。理化学研究所の調査により，5 月に小保方晴子氏による画像の不正，及び共同研究者の笹井芳樹氏と若山照彦氏の監督責任が確定した。その後，8 月 5 日に笹井芳樹氏が自殺した。検証実験の結果，STAP 細胞の存在は否定され（写真 7.1 参照），小保方氏は理化学研究所を退職した。また小保方氏は，その後，博士の学位をはく奪された[44]。

---

[42] 東京大学「森口尚史氏による研究活動の不正行為に関する調査報告」http://www.u-tokyo.ac.jp/public/public01_250920_j.html（2019 年 5 月 22 日閲覧）

[43] "Ex-Novartis worker seized for faking clinical trial data of blood pressure drug 63-year-old charged with manipulating figures in blood pressure clinical study at Kyoto University" THE JAPAN TIMES Jun 11, 2014
http://www.japantimes.co.jp/news/2014/06/11/national/crime-legal/ex-novartis-worker-seized-faking-clinical-trial-data-blood-pressure-drug/#.V3I7UHkkouV（2019 年 5 月 22 日閲覧）

[44] Shusuke Murai "Waseda University strips Obokata of Ph.D." THE JAPAN TIMES Nov 2, 2015
http://www.japantimes.co.jp/news/2015/11/02/national/waseda-university-strip-obokata-ph-d/#.V3I5oXkkouW（2019 年 5 月 22 日閲覧）

写真 7.1 STAP 細胞検証実験の打ち切りを表明する理化学研究所の記者会見（2014 年 12 月 19 日）

資料出所：朝日新聞社提供

7.3 日本政府の対応——「研究活動における不正行為への対応等に関するガイドライン」の策定

このような研究不正事件の続発に対して，2014 年 8 月 26 日に日本政府は「研究活動における不正行為への対応等に関するガイドライン（以下，ガイドラインと略す）」を策定した。その内容を以下に紹介する。

1）ガイドラインの内容

ガイドラインは，大学等の研究機関が不正行為に対して厳しい姿勢で臨むことを定めた[45]。さらに不正行為を抑止する環境整備を進めることを決めた。そのために研究倫理教育を 2015 年 4 月より全国で実施することとなった。特に大学では，学生に対する研究倫理教育を強化することとなった。

---

[45]「研究活動における不正行為への対応等に関するガイドライン概要」文部科学大臣決定　2014 年 8 月 26 日
http://www.mext.go.jp/b_menu/houdou/26/08/__icsFiles/afieldfile/2014/08/26/1351568_01_2.pdf（2019 年 5 月 22 日閲覧）

2）研究不正の定義

ガイドラインでは，研究不正とは，研究者倫理に背馳し，科学研究の本質を歪め，科学コミュニティの正常な科学コミュニケーションを妨げる行為と定義された。具体的には，得られたデータや結果の捏造，改ざん，及び他者の研究成果等の盗用である。また他の学術誌等に既発表の論文と同じ論文を投稿する二重投稿，論文著作者の不適切なオーサーシップなどが研究不正とされた[46]。

3）ガイドラインに基づく日本の大学院における研究倫理教育の実際

以上のガイドラインに基づき，2015 年 4 月以降，日本の各大学では，研究倫理教育が推進されることとなった。次節では筆者の所属する国立大学法人である九州大学を事例に，その内容を以下に紹介する。

7.4　e-learning とテストクイズ形式による研究倫理教育

九州大学では，研究不正を事前に防止するため，ガイドラインに基づき，大学院生への研究倫理教育を実施している。e-learning を用いた受講体制を整備し大学院生並びに教員・研究者に受講させている。e-learning CITI JAPAN（Collaborative Institutional Training Initiative）PROGRAM という，NPO 団体が作成したプログラムを使用している。このプログラムは各大学の管理者が，教材を管理するサーバに対して，例えば，「医学系大学生に『利益相反』を受講させてください」と指示をすると，サーバは，該当する学生に対して，指示された講習教材をテストクイズとともに配信する。学生は，個人用の ID とパスワードを用

---

[46]「研究活動における不正行為への対応等に関するガイドライン本文」文部科学大臣決定　2014 年 8 月 26 日
http://www.mext.go.jp/b_menu/houdou/26/08/__icsFiles/afieldfile/2014/08/26/1351568_02_1.pdf（2019 年 5 月 22 日閲覧）

いて e-learning サーバにアクセスし，自分に割り当てられた教材の閲覧学習を行った後，テストクイズに答える。解答は直ちに採点され，その結果が学生に通知される。合格であれば，「修了」が学生に通知され，同時に，管理者にも通知されるという仕組みである。

7.5　CITI JAPAN PROGRAM の効用と課題

　CITI JAPAN PROGRAM は，研究不正の実態と研究倫理についての具体的な知識を短時間で効率的に大学院生等に教授するには極めて有効である。STAP 細胞問題の小保方晴子氏は，論文盗用について指摘されると，大学院時代にそれが不適切な行為だとは教えられなかったと語った。実際に日本の多くの大学院では，体系的な研究倫理教育は十分に行われてこなかった。そのような教育は指導教員にまかせられていた。そのため指導教員が教育に熱心でない場合は，研究倫理について十分な知識を持たないまま，研究者としての人生をスタートする場合もこれまでは多かったのである。このことが研究不正事件の頻発の原因の一つであることを考えると，CITI JAPAN PROGRAM は有効な対策となる。

　その一方で課題もある。CITI JAPAN PROGRAM は，ごく短時間のテストクイズ形式による教育プログラムである。このような方法で大学院生に倫理感を自発的な信念として身に付けさせることができるであろうか。この点について筆者は疑問を感じざるをえない。この問題を次節で検討する。

7.6　科学コミュニケーションを応用した研究倫理教育の実践

　大学院生に倫理感を自発的に身に付けさせるための方法として，日本の現場の先端的研究者は以下の提言を行っている。

1) 現場の先端的研究者が指摘する重要な要素とは―誠実なアウト
リーチ

日本分子生物学会の大隅典子理事長（東北大学教授）は，全ての生命
科学者に望まれる倫理的な行動規範として科学コミュニケーションにお
ける「健全なアドボカシー」と「誠実なアウトリーチ」を要件として挙
げている[47]。その趣旨は研究者が自己の専門分野の知見を市民に伝えよ
うとする際（アウトリーチ）に，内容の分かりやすさに留意しつつ正確
性を担保するために市民に対する誠実・正直なスタンスが自ずと育まれ
るという観点にある。こうした要素を取り入れた大学院教育を行うこと
によって，短時間の座学ではカバーしきれない倫理感を大学院生に対し
て涵養することが可能になると思われる。九州大学では実際に，科学コ
ミュニケーションを取り入れた研究倫理教育を大学院生に対して実施し
ている。その内容を紹介する。

2) 九州大学における科学コミュニケーションによる研究倫理教育の
推進

九州大学では，科学的な根拠に基づいて政策立案のできる人材養成の
ための科学技術イノベーション（STI）政策専修コース（構想責任者：
永田晃也教授）を2013年度に設置し，九州大学の全ての大学院生を対象
とした教育プログラムを実施している。同コースの科目「科学技術社会
論概説」では，受講者に「STS ステートメント」を作成させ，福岡市
内で開催するサイエンスカフェにおいて作成したステートメントを社会
に向けて公表することを義務付けている。この取り組みは同コースが開
設された2013年度から開始し，2018年度で6年目を迎え，これまでに
6回のサイエンスカフェで合計17人の九州大学大学院生がSTSステー

---

[47] 大隅典子「科学の健全性を保つために：生命科学の現場から」公開シンポジウ
ム『科学研究の規制と法―「研究不正」をどう扱うべきか？―』2014年9月28
日　東京大学

トメントを発表し，参加した市民とディスカッションを行った。

3）STS ステートメントとは

「STS ステートメント」とは，科学技術の発展が歴史的に社会に及ぼしてきた影響を正・負の両局面について把握し，未来へ向けた科学技術と社会の新しい関係構築のために個人個人がすべきことを明記したステートメントである。大学院生の研究テーマの概要，その研究テーマの成果が将来社会に及ぼす影響を予測し，成果が広く製品やサービスとして社会に普及した場合に何が起こるか，環境，文化，社会に及ぼす影響として予測できること，仮に問題が発生しそうな場合に，自分はどう行動するかを記述し宣言（ステートメント）としてまとめ，広く社会に公表する。以上が STS ステートメントの内容である。上記の要領で作成した STS ステートメントは，誰でも参加自由のサイエンスカフェを開催し，その場で大学院生が市民に公表し，市民からの質問・コメントに応えることとした。

4）福岡市中心部でサイエンスカフェを開催し STS ステートメントを広く市民に公表

例年 3 月頃に，福岡市の中心部で STS ステートメント・サイエンスカフェを開催している（写真 7.2 参照）。例年，同カフェには福岡市民等約 20 名程度が参加する。冒頭に筆者が趣旨説明を行い，続いて大学院生 3〜4 名が STS ステートメントを発表する。それぞれの発表について，市民や専門家の視点から，課題の捉え方や政策的な考察に関する意見，詳しい内容を問う質問などがあり，活発なディスカッションを行っている[48]。

---

[48] Toshiya Kobayashi "Where scientific research is a matter of public discourse" *Nikkei Asian Review*, Nikkei Inc. 2015.

写真 7.2 左）JR 博多駅構内における第 1 回 STS ステートメント・サイエンスカフェ（2014 年 3 月 15 日）　右）福岡市内電気ビル共創館 BIZCORI における第 2 回 STS ステートメント・サイエンスカフェ（2015 年 6 月 6 日）

資料出所：筆者撮影

7.7　実際に大学院生の倫理感は向上したか

　以上の研究倫理教育の効果を評価するために，毎回，大学院生への質問票調査を行っている。この質問票調査では，倫理感に関係する「研究倫理は非常に大事なことだと感じた」，「自分の研究内容を誠実に参加者に伝えなくてはならないと感じた」の2つの設問を設定した。各設問については，「当てはまる」から「当てはまらない」の5から1までの5段階のリッカートスケールを設定し，回答者はいずれかの番号を1択とした。2016年3月19日に開催した第3回STSステートメント・サイエンスカフェにおける質問票調査結果を以下に示す。
　先ず「研究倫理は非常に大事なことだと感じた」の設問であるが，これは3名中2名が「当てはまる」の5を選択し，1名が4を選択した。4は「当てはまる」と「どちらともいえない」の中間である。次に「自分の研究内容を誠実に参加者に伝えなくてはならないと感じた」については3名中2名が「当てはまる」の5を選択し，1名が4を選択した。
　以上の結果から，今回の教育プログラムに参加した大学院生たちが，福岡市民との交流により社会へ向けた研究倫理を強く意識したことを示

98　第7章　科学コミュニケーションの応用的展開

すものと言えるだろう。これは3名という少数のサンプルによる1例に
すぎないが，重要な結果であると筆者は考える。

7.8　本章のまとめ

　九州大学の大学院生は市民との科学コミュニケーションの中で，率直
に自分が取り組んでいる科学技術の課題について問題提起を行い，市民
からの質問に誠実に応えるという行動を通して研究倫理を養うことが実
現できたと考える。以上の取り組みは，大学院教育への科学コミュニ
ケーションによる研究倫理教育の実践として，今後も継続する所存であ
る。

主な日本の研究不正事件年表

発生年	研究機関名	事件内容	出典
2005年	大阪大学	2005年6月に，実験データの不適切な掲載を理由として，医学部教授らが発表していたNature Medicine誌の論文が撤回され，大阪大学は，教授らを停職処分にした。	Nature Medicine
2006年	大阪大学	大学院生命機能研究科教授の論文不正が発覚し，懲戒解雇された。その教授の研究室の男性助手はその後，服毒自殺した。	朝日新聞（2006年9月6日）
2008年	名古屋市立大学	大学院医学研究科において，博士課程の論文審査をめぐる贈収賄が発覚した。同大学の教授は，名古屋地方裁判所で有罪判決を受けた。	全国国公私立大学の事件情報

7.8 本章のまとめ 99

2010年	東京大学，宇宙航空研究開発機構	大学院工学系研究科の助教の経歴詐称，業績の捏造，剽窃が判明。学位取り消し，懲戒解雇相当の処分が下された。	東京大学記者発表
2010年	神戸大学	大学院農学研究科の学生らが，2010年にイネのイモチ病の病原菌の進化に関する論文を発表したが，論文で使用した画像の中に，上下を反転させる不正操作が行われていたことが，2015年12月に判明した。	毎日新聞（2015年12月25日）
2011年	獨協医科大学	同大学教授の研究論文にデータ捏造などの不正があった恐れがあるとして同医大が調査委員会を設置し，4月末，教授を論旨退職にした。	読売新聞（2011年6月27日）
2012年	東邦大学	同大学の日本麻酔科学会に所属する准教授が，1991年から2011年に発表した論文212本のうち，172本にデータ捏造の不正があったとする調査結果を日本麻酔科学会の調査特別委員会が発表した。	日本麻酔科学会声明
2012年	東京大学医学部附属病院	iPS細胞虚偽発表問題（詳細は本文に記載）	（注42）
2013年	京都府立医科大学	同大学の調査委員会は，元教授の研究室から発表された14報の論文に実験画像の改ざんなどの研究不正を発見した。同教授に退職金の返還を求めることを発表した。	日本経済新聞（2013年4月12日）
2013年	京都府立医科大学　他	高血圧治療薬バルサルタン問題（詳細は本文に記載）	（注43）
2013年	東京大学	同大学分子細胞生物学研究所における論文不正に関する，行動規範委員会による調査中間報告において，1996年〜2011年に発表された51報の論文に科学的な適切性を欠いた画像データが使用されていたと判断された。	東京大学記者発表
2014年	筑波大学生命環境系，国立環境研究所	2012年に論文の不正が指摘され，大学が調査委員会を設置。論文に用いられていた4つの画像に改ざんが発見された。	筑波大学記者発表

（次頁に続く）

100　第7章　科学コミュニケーションの応用的展開

（前頁より続く）

2014年	早稲田大学	STAP細胞問題の当事者である小保方晴子氏が2011年3月に学位取得した博士論文について，約20ページ分の文章が，幹細胞に関する一般向けウェブサイトからのコピー・アンド・ペーストであることが分かった。後に早稲田大学は，小保方氏の学位を剥奪した。　小保方氏の研究室を中心に，他の学生の博士論文においても盗用が発覚した。	朝日新聞（2014年3月12日）
2014年	早稲田大学	このため早稲田大学は，280本の博士論文を調査することになった。	朝日新聞（2014年4月7日）
2014年	理化学研究所	STAP細胞問題（詳細は本文に記載）	（注44）
2015年	東京大学・大阪大学・理化学研究所等	日本分子生物学会Webサイト「日本の科学を考える」の「捏造問題にもっと怒りを」というトピックのコメント欄への匿名告発による大量研究不正問題が発覚	毎日新聞（2015年4月8日）
2016年	岡山大学	同大学の教授らのステロイドホルモンに関する論文について，画像の切り貼りなどの不正があったと内部告発された。調査委員会が実際に調査を行い実際に切り貼りがあったと確認した。しかし，不正なしと判断し，調査結果も公表しなかったことが，2016年1月4日付の毎日新聞の報道で発覚した。	毎日新聞（2016年1月4日）

第8章
考察と結論，今後の展望

　本章では，筆者の研究において明らかになった事実をもとに，わが国の科学コミュニケーション活動を活性化させていく上で必要な組織的要因を，質問票調査結果と事例研究の結果をもとに振り返り，考察を加え，結論と今後の展望を述べる。

8.1　大学及び公的研究機関の実態調査から分かったこと

　先ず，大学及び公的研究機関を対象として実施した質問票調査の結果を振り返っておきたい。科学コミュニケーションの先行研究において，大学などの研究機関の組織的活動に着目した研究は少なかった。そうした中でわが国の国公私立大学と独立行政法人等公的研究機関の広報部門に対して直接，質問票調査を実施し入手した結果からは，これからのわが国の科学コミュニケーション活動を活性化していく上で重要な知見を得ることができたと考えている。そのエッセンスは以下の通りである。

　調査対象研究機関の約7割で，専任の広報担当者を任命し，独立した広報部門を設置しており，各研究機関は組織的に広報業務に注力していることが分かった。広報担当者の大半は事務職員から任命しており，科学コミュニケーション活動の専門家を採用する事例は少なかった。但し，研究所の場合に研究職を，大学の場合に教員を広報担当者に任命している事例も絶無ではなかった。広報担当者を外部研修プログラムに派

102 第8章 考察と結論，今後の展望

遣し訓練を行っている事例も半数近くで見られた。文部科学省・科学技術振興機構（JST）が2005年度から2009年度にかけて推進した旧科学技術振興調整費の「科学コミュニケーター養成プログラム」が活用された事例は見られなかった。

　なお，「第3期科学技術基本計画」に示された「科学技術に関する説明責任と情報発信の強化」の政府方針については，「方針と内容を良く知っている」という回答は全体の1割にも満たなかった。回答者の9割以上に当該政府方針の内容は十分には周知されていないことが分かった。これはわが国の科学技術政策推進の観点からは深刻な問題である。政策当局にとっては，各研究機関への基本計画の周知が重要な課題であると言える。

　広報担当者が組織内の情報をいかにして収集しているかについては，半数が研究者の自己申告であった。広報担当者による情報収集の割合は全体の4分の1であった。2割弱の研究機関で研究者の業績リスト等の二次資料から情報を収集していた。

　広報担当者の情報収集活動への研究者の協力度合いであるが，全体の約75％が協力的であるという回答であった。今回の調査対象研究機関——科研費を受託している研究機関ということであるが——の研究者は学協会等の研究者コミュニティの中だけでなく，広く社会へ向けた情報発信にも協力的であるということが判明したのである。

　新聞社やテレビ局などの報道機関との連携については，密接に連携していると回答した研究機関は約4割で半数に満たなかった。一方，そうした新聞やテレビなどのマスメディアによる被報道状況をモニタリングしている研究機関は，定常的・非定常的を合算すると8割であることも分かった。また65％の研究機関でモニタリング結果を広報戦略立案に活用していることが分かった。

　企業等では，広報活動への経営層の関与は重要であるとされているが，今回の場合，各研究機関で，経営層（大学であれば学長等，公的研

究機関であれば研究所長等）が関与している割合は 7 割に達していた。

　近年，研究機関において不祥事が多発していることは否めないが，そうした場合の広報部門における危機管理については，2010 年の段階では，半数以上の研究機関で準備が出来ていないことも明らかになった。

　本調査で，必ずしも広報部門の業務とは言えない可能性の高い科学コミュニケーション活動への取り組み，特に研究機関を取り巻く社会のニーズについての情報収集を行っている研究機関が 54 件も見られた点は想定外であった。しかも広報担当者自身の意識も，科学コミュニケーション活動に広報担当者が研究者と共同で役割分担をしながら取り組むべきという回答が 8 割近くを占めたことは，同様に全く想定外であった。

　なぜ各研究機関の広報担当者は，このように科学コミュニケーション活動に前向きなのだろうか。また所属する研究者の 75% が広報担当者に協力的であったという事実と併せて，このように広報担当者と研究者が望ましい協力関係を構築していくには，どのような環境を整えれば良いのだろうか。

　次節で，研究機関の広報部門・広報担当者と，所属する研究者の望ましい協力関係を構築していくにはどうすればよいかの結論と今後の展望を述べる。

8.2　広報体制・広報担当者の望ましいあり方

　質問票調査結果のクロス集計と χ 二乗検定の分析結果から，研究機関の科学コミュニケーション活動の重要な要素である広報活動を活性化する上で必要な広報体制のあり方のいくつかが明らかになった。先ず研究機関の広報担当者に所属する研究者との協働意識があることが，所属研究者の協力度合いを高める上で必要であることが明らかになった。

　それに加えて，広報担当者が所属研究者からの情報を組織的に収集し

ている場合に所属研究者の協力度合いが高くなることも分かった。しかしながら組織的情報収集を行っている大学等研究機関は今回の調査では全体の3分の1と少ないということも明らかになった。

　その一方で，専任の広報担当者や独立した広報部門の有無は，所属研究者の協力度合いとあまり関係がないということも示され，10%水準でも有意差は観察されなかった。また研究機関の経営層が，広報戦略策定等に関与している場合に所属研究者の協力度合いが高くなることも認められた。

　以上の結果から説明できることは，専従者の任命や専門部署の設置といった組織的な体裁を整えることよりも，広報担当者自身の所属研究者との協働意識と情報収集活動における積極性，そして経営層の関与がある方が所属研究者の協力度合いを高めることに影響を及ぼすということである。経営層の関与は，企業などでも重要とされる取り組みであり，それは研究機関でも同様であることが明らかになったと言える。

　今後，わが国の大学等研究機関の科学コミュニケーション活動の活性化のためには，広報担当者の所属研究者との協働意識と積極性，そして経営層の積極的な関与によって所属研究者の協力度合いを高めていく必要がある。

8.3　広報部門の組織活動の影響

　一方で，モニタリングや危機管理対策といった研究機関の組織的取り組みにおいて，広報担当者と所属研究者の協力の度合いには関連が少ないことが分かった。

　原因として，前述のように研究機関が私立大学の場合には，所属研究者のモチベーションとは無関係に広報担当者が業務としてモニタリングを実施している傾向が強い場合が想定された。私立大学は学長・理事長等の経営層の権限が，教授会自治が重視される国公立大学等よりも強い

と考えられたためである。しかし私立大学と国公立大学等に分けてクロス集計を行っても，モニタリングを実施している割合は，むしろ私立大学の方が国公立大学等よりも 6.5％低いことが分かったのみならず，有意確率でも私立大学の方が，国公立大学等より 0.17％低かった。

　危機管理については，危機管理対策の準備が実施されている割合は国公立大学等では 56.7％，私立大学では 69.4％で，予想通り私立大学のほうが実施している割合は 12.7％高かった。広報担当者が危機管理対策を実施している場合に研究者の協力度合いが高い大学は私立大学で 68.1％，国公立大学等で 59.1％と割合にして国公立大学等の方が 9％低かった。このように研究者の協力度合いは，国公立大学等よりも，私立大学の方が 1 割近く高く当初の想定とは逆の結果が得られた。そして χ二乗検定の結果であるが，いずれも有意差は認められなかった。ちなみに p 値は私立大学で 0.701，国公立大学等では 0.657 であった。このように私立大学の広報担当者と所属研究者のモチベーションの顕著な乖離は認められず，両変数間に関連はないとする帰無仮説は棄却されなかったのである。また有意確率は私立大学の方が，国公立大学等よりも 0.044％高かった。このように協力度合いの割合と有意確率において，私立大学と国公立大学等におけるモニタリングの場合と逆の傾向が見られたのであった。このように有意確率は私立大学の広報担当者と所属研究者のモチベーションの顕著な乖離は認められず，両変数間に関連はないとする帰無仮説は，国公立大学等と私立大学に分けて分析しても棄却されなかった。

　以上の結果から，国公立大学等と私立大学でその関連内容に一定の差異があることが分かった。

　なお，社会的ニーズ収集という，広報部門の本来業務からはかなり外れると見られる取り組みに対して，意外にも全体の 8 割近くの広報担当者は，それを自己の仕事と認識しており，研究者との協働意識が通常の広報業務と同じく高いことが分かった。そして広報担当者の協働意識が

106   第8章　考察と結論，今後の展望

高い場合に，研究者の広報活動への協力度合いが高い割合は85％もあり，この結果についての χ二乗検定では5％水準で有意差が認められた。やはり広報担当者の協働意識は科学コミュニケーション活動を推進するに当たって極めて重要であることが判明したと言える。

8.4　九州大学の具体事例から分かったこと──広報体制

具体事例として，九州大学の事例をもとに，大学等研究機関の広報・科学コミュニケーション実施体制の現状を概観した。その結果，明らかになった点は以下の通りである。

広報戦略の策定への経営層の関与は大きい

まとめると，九州大学の広報部門である広報室は，総長と副学長・理事の直轄組織である広報本部に設置され，広報戦略会議を通して経営層が広報戦略立案に関与している。広報担当者は各部局の協力教員を通して学内の研究情報等を収集している。以前は，広報担当者と各教員の連携は必ずしも密接ではなかったが，2014年の広報体制刷新によって，連携の強化が期待されているということである。

科学コミュニケーション活動について広報部門は担当しない

広報室では，広報とは区別された科学コミュニケーション活動については携わっていない。九州大学では研究者と社会との双方向コミュニケーション活動である科学コミュニケーション活動については部局単位でサイエンスカフェの開催などを活発に行っており，広報室はそうした取り組みの広報などで支援を行っている。広報室としては個別の教員等研究者の専門分野の中身に踏み込んだ双方向コミュニケーション活動を担うことには困難があり，専門の訓練を受けた科学コミュニケーター等の人材が必要であると考えている。

広報担当者の協働意識

　筆者の最も明らかにしたい調査項目は，九州大学の広報担当者の協働
意識についてである。2014 年に実施された広報体制刷新の第一の目的
は，それまで広報室主導で進められていた広報活動を教員等研究者と共
に進めていくことを強化することであった。このように協働性を高めよ
うとする組織的な取り組みは強化されている。また筆者がインタビュー
を行った広報室スタッフの個々人のメンタリティとしての協働意識は高
いと見受けられた。一方教員の側であるが，学内の各部局からは，広報
室との連絡を担当する協力教員が 1 名選出される。各部局長が広報活動
に適した資質を持つと推測できる教員を候補として推薦して任命され
る。こうした協力教員は，一般的な教員よりも広報活動に前向きな教員
が多いと思われるので，九州大学の広報活動は広報体制の刷新により今
後活性化していくことが期待できよう。

社会への情報発信は教員の自主性にまかされていた

　2014 年度の現状では，外部社会への情報発信は教員等研究者の自主
性にまかされている。これは，専任教員だけでも 2,356 人を抱える大規
模総合大学であればやむをえないことであろう。しかしながら研究者と
してのアクティビティの高い教員等研究者ほど外部社会に向けての情報
発信へのモチベーションが高いという傾向が見られると広報室スタッフ
は証言している。これは注目すべきポイントであると思われる。その背
景や他大学の状況との比較等の検証が必要である。

　九州大学において，今後，科学コミュニケーション活動を活発化させ
ていくためには，協働意識の高い広報部門スタッフと各部局から選出さ
れる協力教員との連携を密にしていくことが成功の鍵となるだろう。

108 第8章 考察と結論，今後の展望

8.5 北陸先端科学技術大学院大学の具体事例から分かったこと──社会的ニーズの収集方法

　研究機関特に大学が地域の社会的ニーズを効果的に収集するための方法論的，組織的，制度的基盤として何が必要になるかを石川県の北陸先端科学技術大学院大学（JAIST）の社会イノベーション事業を事例に検討を行った。その結果，明らかになった点は以下の通りである。

大学と地域を結ぶ「交流場」が必要

　学官連携協定による共同研究を活用して，大学の人材と地域の人々の双方向の「交流場」を構築したことと，交流場を支えるポスドク等若手研究者のコーディネータ的人材育成を進めたところに，その実現を担保しえた要因がある。

交流場を支えた組織基盤

　それらの取り組みを支えた JAIST の組織的背景として次のものが挙げられよう。

　JAIST に設置されている知識科学研究科（現 先端科学技術研究科）は，元来そうした活動の場を設定することが得意な学問領域であった。そしてこの知識科学研究科を中心に，地域社会の各主体との密接な連携の下，「社会的課題の発見と解決に果敢に挑戦し，社会により良い状況を実現する担い手（社会イノベータ）」の育成を進めることができた。その実行組織として，社会イノベーション事業を推進する学内機関として設置された「科学技術開発戦略センター」（現 地域イノベーション教育研究センター）が，JAIST の3つの研究科間，学内センター間の協力・協同を担う触媒的役割を，産学連携をミッションとする先端科学技術研究調査センター（現 産学官連携総合推進センター）と協力して果たすことができたことも重要である。前述した自治体との学官連携協定プログ

ラムや「いしかわ MOT スクール」のような 3 研究科共同の履修プログラムなどは，戦略センターのような役割を果たす組織がなければ実現は困難であったろう。また双方向コミュニケーションの科学コミュニケーション活動の重要な部分を担ったサイエンスカフェの活動運営主体の学生へのサポートも，この組織を中心に行われた。

8.6　科学コミュニケーションの研究倫理教育への応用の可能性

　九州大学の大学院生は市民との科学コミュニケーションの中で，率直に自分が取り組んでいる科学技術の課題について問題提起を行い，市民からの質問に誠実に応えるという行動を通して研究倫理を養うことが実現できたと考える。以上の取り組みは，大学院教育への科学コミュニケーションによる研究倫理教育の実践として，今後も継続する所存である。

8.7　結　　論

　以上，大学及び公的研究機関向けの質問票調査結果並びに九州大学と北陸先端科学技術大学院大学という 2 つの具体的事例の検討結果をもとに，信頼性の高い分析結果を得ることができた。結果として，2006 年以降，日本の科学研究が社会的信頼を確保し，社会からの支援を持続可能に担保していく上で重要な役割を果たす科学コミュニケーションを活性化していくために必要な研究機関の組織的対応のあり方について必要な知見を入手することができた。そして科学コミュニケーション活動の応用可能性として大学院生を対象とした研究倫理教育に活用する可能性についても明らかにすることができた。

　研究機関の広報担当者に，所属する研究者との協働意識があることが所属研究者の協力度合いを高める上で必要であることが明らかになっ

た。それに加えて，広報担当者が所属研究者からの情報を組織的に収集している場合に所属研究者の協力度合いが高くなることも分かった。しかしながら組織的情報収集を行っている大学等研究機関は今回の調査では全体の3分の1と少ないということも明らかになった。

その一方で，専任の広報担当者や独立した広報部門の有無は，所属研究者の協力度合いとあまり関係がないということも示され，10%水準でも有意差は観察されなかった。また研究機関の経営層が，広報戦略策定等に関与している場合に所属研究者の協力度合いが高くなることも認められた。

以上の結果から説明できることは，専従者の任命や専門部署の設置といった組織的な体裁を整えることよりも，広報担当者自身の所属研究者との協働意識と情報収集活動における積極性，そして経営層の関与がある方が所属研究者の協力度合いを高めることに影響を及ぼすということである。経営層の関与は，企業などでも重要とされる取り組みであり，それは研究機関でも同様であることが明らかになったと言える。

今後，わが国の大学及び公的研究機関の科学コミュニケーション活動の活性化のためには，広報担当者の所属研究者との協働意識と積極性，そして経営層の積極的な関与によって所属研究者の協力度合いを高めていく必要がある。

一方で，モニタリングや危機管理対策といった研究機関の組織的取り組みにおいて，広報担当者と所属研究者の協力の度合いには関連が少ないことが分かった。危機管理については，その準備が出来ている割合は国公立大学等では56.7%，私立大学では69.4%で，私立大学のほうが実施していることが分かった。このことから，国公立大学等と私立大学でその関連内容に一定の差異があることが分かった。

なお，社会的ニーズ収集という，広報部門の本来業務からはかなり外れると見られる取り組みに対して，意外にも全体の8割近くの広報担当者は，それを自己の仕事と認識しており，研究者との協働意識が通常の

広報業務と同じく高いことが分かった。そして広報担当者の協働意識が高い場合に，研究者の広報活動への協力度合いが高い割合は85％もあり，この結果についてのχ二乗検定では5％水準で有意差が認められた。やはり広報担当者の協働意識は科学コミュニケーション活動を推進するに当たって極めて重要であることが判明したと言える。

　広報体制についての九州大学の事例検討から分かったことは，九州大学の広報部門である広報室は，総長と副学長・理事の直轄組織である広報本部に設置され，広報戦略会議を通して経営層が広報戦略立案に関与している。広報室では，広報とは区別された科学コミュニケーション活動については携わっていない。九州大学では研究者と社会との双方向コミュニケーション活動である科学コミュニケーション活動については部局単位でサイエンスカフェの開催などを活発に行っており，広報室はそうした取り組みの広報などで支援を行っている。九州大学の広報担当者の協働意識については，筆者がインタビューを行った広報室スタッフの個々人のメンタリティとしての協働意識は高いと見受けられた。一方教員の側は，各部局長が広報活動に適した資質を持つと推測できる教員を候補として推薦して任命しており，一般的な教員よりも広報活動に前向きな教員が多いと思われるので，九州大学の広報活動は広報体制の刷新により今後活性化していくことが期待できる。九州大学において，今後，科学コミュニケーション活動を活発化させていくためには，協働意識の高い広報部門スタッフと各部局から選出される協力教員との連携を密にしていくことが成功の鍵となるだろう。

　研究機関特に大学が地域の社会的ニーズを効果的に収集するための方法論的，組織的，制度的基盤として何が必要になるかを石川県の北陸先端科学技術大学院大学の社会イノベーション事業を事例に検討を行った。その結果，明らかになった点は，学官連携協定による共同研究を活用して，大学の人材と地域の人々の双方向の「交流場」を構築したことと，交流場を支えるポスドク等若手研究者のコーディネータ的人材育成

112 第8章 考察と結論，今後の展望

を進めたところに，その実現を担保しえた要因があるということである。それらの取り組みを支えた北陸先端科学技術大学院大学の組織的背景として，同大学院大学に設置されている知識科学研究科（現 先端科学技術研究科）が，元来そうした活動の場を設定することが得意な学問領域であったこと。そしてこの研究科を中心に，地域社会の各主体との密接な連携の下，「社会的課題の発見と解決に果敢に挑戦し，社会により良い状況を実現する担い手（社会イノベータ）」の育成を進めることができたこと。その実行組織として，社会イノベーション事業を推進する学内機関として設置された「科学技術開発戦略センター」（現 地域イノベーション教育研究センター）が，北陸先端科学技術大学院大学の3つの研究科間，学内センター間の協力・協同を担う触媒的役割を，産学連携をミッションとする先端科学技術研究調査センター（現 産学官連携総合推進センター）と協力して果たすことができたことによる。

　科学コミュニケーションの研究倫理教育への応用の可能性として，九州大学大学院の教育実践事例から次のような事例を検討した。九州大学の大学院生は市民との科学コミュニケーションの中で，率直に自分が取り組んでいる科学技術の課題について問題提起を行い，市民からの質問に誠実に応えるという行動を通して研究倫理を養うことが実現できたと考える。以上の取り組みは，大学院教育への科学コミュニケーションによる研究倫理教育の実践として，現時点では有効性を立証できたと断言できるほどの回数を重ねてはいない（2018年度までで6回）ので，今後も継続して評価を行っていく必要がある。

8.8　今後の展望

　最後に本研究で十分に取り上げることのできなかった点は以下の通りである。わが国の大学及び公的研究機関，そしてそこに所属する研究者は，科学コミュニケーション活動を活性化することによって，実際には

どのようなアウトカムを得ることが出来るのかという点である。2005年の「科学技術コミュニケーション元年」以来，科学コミュニケーションは，科学技術基本計画の下で，政府特に文部科学省主導で，科研費等の公的研究資金の助成を受ける研究者のいわば義務のような扱いで，トップダウンで奨励されてきた。その一方で質問票調査結果では，科学コミュニケーション活動を含む研究機関の広報活動には多くの研究者が協力的であるという事実も明らかになった。しかし，研究機関と研究者には，どのようなアウトカムがあるのかという点については，今回の研究では明らかにできなかった。

　この点については，個々の研究者にとって，先ず科学コミュニケーション活動によって，社会とダイレクトな接点を設けることによって社会のニーズを自身の研究内容に取り入れることが容易になるということが予測される。それは研究成果による社会貢献をより効果的に実現できる可能性を高めることができるかもしれない。また逆に研究者の科学コミュニケーション活動により大学に集積された知見が，よりダイレクトに地域住民に伝達される機会を拡大し大学近隣の人的資源へのプラス効果（スピルオーバー）をもたらす可能性もあると考えられる。このように考えてみると，科学コミュニケーション活動は，研究者が納税者である国民への説明責任を果たす一方的な義務では決してないとも考えることができる。こうした点について，さらに大学及び公的研究機関の実態調査を進めることによって明らかにしたい。そのようにして得られた知見は，個々の大学及び公的研究機関と研究者にとって，ボトムアップに内発的に科学コミュニケーション活動を活性化していく契機となることを期待できるのではないだろうか。

参 考 文 献

【外国語文献】

Irwin, A. and Wynne, B.: *Misunderstanding Science?, The Public Reconstruction of Science and Technology*, Cambridge University Press, 1996

Steve Miller Declan Fahy the ESConet Team: "Can Science Communication Workshops Train Scientists for Reflexive Public Engagement?" The ESConet Experience *Science Communication* vol. 31, 1 pp. 116-126 2009

John C. Besley, Andrea H. Tanner: "What Science Communication Scholars Think About Training Scientists to Communicate" *Science Communication* vol. 33, 2 pp. 239-263 2011

Ayelet Baram-Tsabari, Bruce V. Lewenstein: "An Instrument for Assessing Scientists' Written Skills in Public Communication of Science" *Science Communication* vol. 35, 1 pp. 56-85 2013

Maja Horst: "A Field of Expertise, the Organization, or Science Itself? Scientists' Perception of Representing Research in Public Communication" *Science Communication* vol. 35, 6 pp. 758-779 2013

【日本語文献 書籍】

唐木順三（著）『「科学者の社会的責任」についての覚え書』 ちくま学芸文庫 1980 年 ISBN-13: 978-4-480-09434-6

柴田鉄治（著）『科学報道（ND Books）』 朝日新聞社 1994 年 ISBN-13: 978-4022567192

ユルゲン・ハーバーマス（著），長谷川宏（訳）『イデオロギーとしての技術と科学』（平凡社ライブラリー） 2000 年 ISBN-13: 978-4582763645

116 参考文献

B.C. ヴィッカリー（著），村主朋英（訳）『歴史のなかの科学コミュニケーション』 勁草書房 2002 年 ISBN-13: 978-4326000289

S. ストックルマイヤー（編集），佐々木勝浩（訳）『サイエンス・コミュニケーション―科学を伝える人の理論と実践』丸善プラネット 2003 年 ISBN-13: 978-4901689199

藤垣裕子（著）『専門知と公共性―科学技術社会論の構築へ向けて』東京大学出版会 2003 年 ISBN-13: 978-4130603027

小林傳司（著）『誰が科学技術について考えるのか―コンセンサス会議という実験』 名古屋大学出版会 2004 年 ISBN-13: 978-4815804756

日本科学技術ジャーナリスト会議（編集）『科学ジャーナリズムの世界―真実に迫り，明日をひらく』 化学同人 2004 年 ISBN-13: 978-4759809749

石黒武彦（著）『科学の社会化シンドローム』 岩波書店 2007 年 ISBN-13: 978-4000074711

猪狩誠也（編著）『広報・パブリックリレーションズ入門』 宣伝会議 2007 年 ISBN 978-4-88335-168-8

小林傳司（著）『トランス・サイエンスの時代―科学技術と社会をつなぐ』NTT 出版ライブラリーレゾナント 2007 年 ISBN-13: 978-4757160187

千葉和義，真島秀行，仲矢史雄 『サイエンスコミュニケーション―科学を伝える 5 つの技法』日本評論社 2007 年 ISBN-13: 978-4535784734

藤垣裕子，廣野喜幸（編集）『科学コミュニケーション論』東京大学出版会 2008 年 ISBN-13: 978-4130032070

北海道大学科学技術コミュニケーター養成ユニット（編集）『はじめよう！科学技術コミュニケーション』ナカニシヤ出版 2008 年 ISBN-13: 978-4582855739

岡本暁子，若杉なおみ，西村吉雄（編集）『科学技術は社会とどう共生するか』（科学コミュニケーション叢書）東京電機大学出版局 2009 年 ISBN-13: 978-4501624309

小林宏一，谷川建司，瀬川至朗（編集）『ジャーナリズムは科学技術とどう向き合うか』（科学コミュニケーション叢書）東京電機大学出版局 2009 年 ISBN-13: 978-4501624200

小林宏一，谷川建司，西村吉雄，若杉なおみ（著）『科学技術ジャーナリズムはどう実践されるか』（科学コミュニケーション叢書）東京電機大学出版

局　2010 年　ISBN-13: 978-4501625306

平川秀幸（著）『科学は誰のものか―社会の側から問い直す』　生活人新書
　NHK 出版　2010 年　ISBN-13: 978-4140883280

ファラデー（著），竹内敬人（訳）『ロウソクの科学』　岩波文庫　2010 年
　ISBN-13: 978-4003390917

若松征男（著）『科学技術政策に市民の声をどう届けるか』（科学コミュニ
　ケーション叢書）東京電機大学出版局　2010 年　ISBN-13: 978-4501625405

岸田一隆『科学コミュニケーション―理科の〈考え方〉をひらく』（平凡社新
　書）　2011 年　ISBN-13: 978-4582855739

ウイリアム・ブロード，ニコラス・ウェイド（著）『背信の科学者たち―論文
　捏造はなぜ繰り返されるのか?』　講談社　2014 年　ISBN-13: 978-
　4062190954

鈴木真理子，都築章子（著）『科学リテラシーを育むサイエンス・コミュニ
　ケーション：学校と社会をつなぐ教育のデザイン』　北大路書房　2014 年
　ISBN-13: 978-4762828348

経済広報センター国内広報部（編）『科学・技術報道と広報』　2015 年

ジョン・K・ギルバート，スーザン・ストックルマイヤー（著），小川義和
　（監修・翻訳）他『現代の事例から学ぶサイエンスコミュニケーション：科
　学技術と社会とのかかわり，その課題とジレンマ』　慶應義塾大学出版会
　2015 年　ISBN-13: 978-4766422030

須田桃子（著）『捏造の科学者　STAP 細胞事件』　文芸春秋　2015 年
　ISBN-13: 978-4163901916

黒木登志夫（著）『研究不正』　中公新書　2016 年　ISBN-13: 978-4121023735

大塚耕平（著）『「賢い愚か者」の未来』　早稲田大学出版部　2018 年　ISBN-
　13: 978-4-657-18001-8

【日本語文献 論文】

塚原修一「科学技術と社会のコミュニケーション―その人材問題」『科学技術
　社会論研究』科学技術社会論学会編　玉川大学出版部 第 1 号 126–133 頁,
　2002 年

牧野賢治「日本の科学技術ジャーナリズム研究―ほぼゼロからのスタート」
　『科学技術社会論研究』科学技術社会論学会編　玉川大学出版部 第 1 号

134-140 頁，2002 年

杉山滋郎「科学コミュニケーション」『科学技術社会論研究』科学技術社会論学会編　玉川大学出版部 第 1 号　141-148 頁，2002 年

清貞智会「高度情報社会におけるサイエンス・コミュニケーション」『情報管理』46（4），213-217 頁，2003 年

林衛「科学研究のためのインフォーマル・コミュニケーション（〈特集〉科学技術情報流通を俯瞰する）」『情報の科学と技術』54（6），311-316 頁，2004 年

杉山滋郎「科学コミュニケーション（科学技術と民主主義)」『思想』（973），68-84 頁，2005 年

高橋修一郎，高山典子，坂本真一郎，井上浄，丸幸弘「2L18 バイオテクノロジーにおける科学コミュニケーターの育成および学校教育における事例研究（科学コミュニケーション）」研究・イノベーション学会『第 20 回年次学術大会講演要旨集』II 20（2），1057-1060 頁，2005 年 10 月 22 日

山内保典，岡田猛「電子掲示板における科学コミュニケーションの可能性」『科学技術社会論研究』科学技術社会論学会編　玉川大学出版部 第 4 号 101-117 頁，2006 年

守真奈美「研究者と社会をつなぐコミュニケーション活動〜大学の科学技術コミュニケーターを目指して〜」『科学技術コミュニケーション』第 2 号 106-118 頁，2007 年

渡辺政隆「科学技術理解増進からサイエンスコミュニケーションへの流れ」『科学技術社会論研究』科学技術社会論学会編　玉川大学出版部 第 5 号 10-21 頁，2008 年

杉山滋郎「大学とサイエンス・コミュニケーション―人材養成ユニットの経験から」『科学技術社会論研究』科学技術社会論学会編　玉川大学出版部 第 5 号　22-30 頁，2008 年

中村征樹「サイエンスカフェ―現状と課題」『科学技術社会論研究』科学技術社会論学会編　玉川大学出版部 第 5 号　31-43 頁，2008 年

山科直子「サイエンスコミュニケーター：研究者の古くて新しい役割」『化学と工業』61（5），523-524 頁，2008 年

白井哲哉「研究者に求められる科学コミュニケーション（バイオミディア）」『生物工学会誌』86（3），124 頁，2008 年

榎木英介，春日匠「科学技術政策と NPO 一政策提言型科学技術 NPO の現状と課題」『科学技術社会論研究』科学技術社会論学会編　玉川大学出版部第 5 号　44-56 頁，2008 年

藤田良治「科学技術コミュニケーションにおける撮影技法の印象評価」『科学技術コミュニケーション』第 4 号　19-27 頁，2008 年

宮田景子「親子向けワークショップにおけるサイエンスとアートの融合：親子サイエンス・ワークショップ実施報告」『科学技術コミュニケーション』第 7 号　155-164 頁，2010 年

大河雅奈，加藤和人「サイエンスイラストレーション制作における協働プロセス：『幹細胞ハンドブック』を事例に」『科学技術コミュニケーション』第 8 号　41-55 頁，2010 年

三島美佐子，佐々木圭子，加留部貴行，渡辺政隆「ワールド・カフェによる科学コミュニケーションの試み：『つどう・かたる・つなぐ～科学と社会の新しい関係づくり～』」『九州大学総合研究博物館研究報告』8，75-81 頁，2010 年

小林傳司「社会のなかの科学知とコミュニケーション（特集 科学コミュニケーション）」『科学哲学』43（2），33-45 頁，2010 年

木原英逸「科学技術コミュニケーションの新自由主義的偏向（特集 科学コミュニケーション）」『科学哲学』43（2），47-65 頁，2010 年

杉山滋郎「科学技術コミュニケーションと大学広報～『ノーベル賞受賞』後の情報発信に取組んだ体験から考える～」『科学技術コミュニケーション』第 9 号　131-138 頁，2011 年

坂野上淳「研究所の事務部門における科学コミュニケーション～『世界トップレベル研究拠点』における事務改革と科学リテラシー向上の試み～」『科学技術コミュニケーション』第 9 号　65-72 頁，2011 年

三瓶由紀，江守正多，青柳みどり，松本安生，朝倉暁生，高橋潔，福士謙介，住明正「研究者・メディア間の温暖化リスクコミュニケーション促進に向けた対話型フォーラムの可能性」『科学技術社会論研究』科学技術社会論学会編　玉川大学出版部 第 9 号　54-69 頁，2011 年

朝山慎一郎，石井敦「地球温暖化の科学とマスメディア一新聞報道による IPCC 像の構築とその社会的含意」『科学技術社会論研究』科学技術社会論学会編　玉川大学出版部 第 9 号　70-83 頁，2011 年

内田麻理香「ロボットとサイエンスコミュニケーション」『日本ロボット学会誌』29（2），148-150頁，2011年

吉川弘之「社会の中の科学，社会のための科学」『サイエンスコミュニケーション』Vol.1 No.1　44-42頁，2012年

尾嶋好美，渡辺政隆「参加者と実施者双方向の学びを促すサイエンスコミュニケーション〜筑波大学キッズ・ユニバーシティの試み〜」『サイエンスコミュニケーション』Vol.1 No.1　76-83頁，2012年

田岡直規「巨大リスク下での科学コミュニケーション（高リスク社会と技術倫理）」『技術倫理と社会』（7），64-67頁，2012年

佐々義子，真山武志「遺伝子組換え食品の試食と調理を組み入れたサイエンスコミュニケーションの試行」『日本リスク研究学会誌』22（3），171-176頁，2012年

有賀雅奈，梅本勝博「科学技術コミュニケーションにおける研究者の省察」『科学技術コミュニケーション』第14号　3-12頁，2013年

小川義和，五島政一「科学系博物館における科学リテラシーを育成する教育活動の課題〜科学リテラシー涵養活動とW型問題解決モデルからの傾向分析〜」『サイエンスコミュニケーション』Vol.2 No.1　72-79頁，2013年

遠藤哲也「サイエンスコミュニケーションの視点からみたiPS細胞：どうしてここまで注目されるのか？」『愛知学院大学教養部紀要：愛知学院大学論叢』60（4），187-200頁，2013年

渡辺政隆「STAP細胞騒動に学ぶサイエンスコミュニケーション」『サイエンスコミュニケーション』Vol.3 No.1　32-33頁，2014年

内村直之「『科学研究』『論文』『査読』，そして『研究不正』とは何か」『サイエンスコミュニケーション』Vol.3 No.2　26-27頁，2014年

久田旭彦「サイエンスコミュニケーションの3つの軸—関心，知識，信用を軸としたサイエンスコミュニケーションの可視化」『サイエンスコミュニケーション』Vol.4 No.2　30-37頁，2015年

中村征樹「研究成果の発表と研究倫理：STAP細胞問題から考える」『科学技術コミュニケーション』第18号　83頁，2015年

永田晃也，西釜義勝，小林俊哉「2D22 Hydrogen Hypeを超えて：燃料電池に対する社会受容性の分析」研究・イノベーション学会『2015年次学術大会講演要旨集』　594-598頁，2015年

岡田小枝子，渡辺政隆，今羽右左，デイヴィッド甫，名取薫，土方智美「広報担当者が果たすべき役割についての考察〜メディアと研究者をつなぐ〜」『科学技術コミュニケーション』第 18 号　155-163 頁，2015 年

南波直樹「STAP 問題から何を学ぶか：広報の視点から（小特集 北海道大学 ALP・科学技術広報研究会合同シンポジウム 研究成果をなぜ発表しどのように伝えるのか：科学と社会のより良い関係をめざす）」『科学技術コミュニケーション』第 18 号，91-97 頁，2015 年

佐藤祐介「研究者の科学コミュニケーション活動と生涯学習：現代的大学開放の可能性」『社会教育学研究』51（2），13-22 頁，2015 年

原塑「対話型科学コミュニケーションと科学者の社会的責任（日本倫理学会第六十五回大会 主題別討議報告）―（リスクの倫理学的考察）」『倫理学年報』64，84-87 頁，2015 年

栗山恭直「サイエンスコミュニケーション，5 年目を終えて」『山形大学高等教育研究年報：山形大学教育開発連携支援センター紀要』(9)，14-15 頁，2015 年

中谷真太朗，川口夏樹，荒木望，佐藤孝雄，小西康夫「大学院生の科学コミュニケーション能力向上に向けた課題解決型学習の試み」『工学教育』64（2），2_8-2_13 頁，2016 年

奥田俊詞，福森貢「サイエンスコミュニケーションの視点からみた畿央大学における地域貢献活動」『畿央大学紀要』13（2），53-61 頁，2016 年

白根純人，田原敬一郎「科学コミュニケーションのアップグレード：「伝える」から「つくる」へ（特集 化学工学をもっと知ってもらいたい）」『化学工学』81（1），32-35 頁，2017 年

目代邦康「サイエンスコミュニケーションの場としてのジオパーク」『日本地理学会発表要旨集』(0)，100-235 頁，2017 年

塚谷裕一「キュレーションプラットフォーム事業の閉鎖問題から見たサイエンスコミュニケーション」『UP』東京大学出版会 46（2），20-27 頁，2017 年

122 参 考 文 献

【日本語文献 報告書】

＜Ｉ＞ 文部科学省 科学技術・学術政策研究所の報告書

文部科学省 科学技術政策研究所 第 2 調査研究グループ 長浜元，桑原輝隆，西本昭男
NISTEP REPORT：017「科学技術と社会とのコミュニケーションの在り方の研究（科学技術に関する社会的シンパシーとコミュニケーション活動の展望）」1991 年 URL：http://hdl.handle.net/11035/535（2019 年 5 月 22 日閲覧）

文部科学省 科学技術政策研究所 第 2 調査研究グループ 木場隆夫
調査資料：070「コンセンサス会議における市民の意見に関する考察」2000 年 URL：http://hdl.handle.net/11035/808（2019 年 5 月 22 日閲覧）

文部科学省 科学技術政策研究所 第 2 調査研究グループ 渡辺政隆，今井寛
DISCUSSION PAPER：039「科学技術コミュニケーション拡大への取り組みについて」2005 年 URL：http://hdl.handle.net/11035/459（2019 年 5 月 22 日閲覧）

文部科学省 科学技術政策研究所 第 2 調査研究グループ 清水麻記，今井寛，渡辺政隆，佐藤真輔
調査資料：141「科学館・博物館の特色ある取組みに関する調査―大人の興味や地元意識に訴える展示及びプログラム―」2007 年
URL：http://hdl.handle.net/11035/1106（2019 年 5 月 22 日閲覧）

文部科学省 科学技術政策研究所 第 2 調査研究グループ
講演録：202「科学を語り合う」サイエンスコミュニケーションの方法と実践 PCST-9 協賛国際シンポジウム 2007 年

文部科学省 科学技術政策研究所 第 2 調査研究グループ 額賀淑郎
DISCUSSION PAPER：079「受賞研究におけるコミュニケーションと研究成果について」2011 年 URL：http://hdl.handle.net/11035/495（2019 年 5 月 22 日閲覧）

文部科学省 科学技術政策研究所 第 2 調査研究グループ 額賀淑郎
調査資料：210「大学の地域社会貢献としてのサイエンスショップの研究」2012 年 URL：http://hdl.handle.net/11035/1155（2019 年 5 月 22 日閲覧）

文部科学省 科学技術政策研究所 田中幹人

講演録：285「『科学技術コミュニケーション』再考 〜メディアを介した科学技術の議題構築に向けて〜」2012 年 URL：http://hdl.handle.net/11035/2386（2019 年 5 月 22 日閲覧）

＜Ⅱ＞ その他公的研究機関の報告書

科学技術振興機構・日本科学未来館
　「科学コミュニケーション活動に関する調査」調査結果概要　2010 年
科学技術振興機構・科学コミュニケーションセンター
　「科学技術コミュニケーションの現状と展望に関する意見交換会―科学技術社会論の視角から―中間取りまとめ報告書」2012 年
科学技術振興機構・科学コミュニケーションセンター
　「科学コミュニケーションの新たな展開」2013 年
科学技術振興機構・科学コミュニケーションセンター
　「研究者による科学コミュニケーション活動に関するアンケート調査報告書」2013 年
科学技術振興機構・科学コミュニケーションセンター
　「科学コミュニケーション研修及び教育に関する事例調査 報告書」2014 年
公益財団法人 未来工学研究所
　「科学技術政策に関する市民参加型政策対話等の実践・支援組織に関する調査分析」（大阪大学委託）2016 年
　URL：http://www.ifeng.or.jp/wordpress/wp-content/uploads/2016/10/4572dc76e04f99fbbdc016db00b309ac.pdf（2019 年 5 月 22 日閲覧）

＜Ⅲ＞ 科学技術白書

　　各年版の科学技術コミュニケーションに関する記載箇所を示す（各年版とも 2019 年 5 月 22 日閲覧）。
文部科学省『平成 12 年版 科学技術白書』（平成 12 年度は HTML 版のみ）
　HTML 版：http://www.mext.go.jp/b_menu/hakusho/html/hpbb200301/hpbb200301_2_074.html
文部科学省『平成 13 年版 科学技術白書』（平成 13 年度は HTML 版のみ）
　HTML 版：http://www.mext.go.jp/b_menu/hakusho/html/hpbb200301/hpbb200301_2_074.html

文部科学省『平成 14 年版 科学技術白書』（平成 14 年度は HTML 版のみ）
HTML 版：http://www.mext.go.jp/b_menu/hakusho/html/hpbb200301/
hpbb200301_2_074.html

文部科学省『平成 15 年版 科学技術白書』（平成 15 年度は HTML 版のみ）
HTML 版：http://www.mext.go.jp/b_menu/hakusho/html/hpbb200301/
hpbb200301_2_074.html

文部科学省『平成 16 年版 科学技術白書』（平成 16 年度は HTML 版のみ）
HTML 版：http://www.mext.go.jp/b_menu/hakusho/html/hpaa200401/
index.html

文部科学省『平成 17 年版 科学技術白書』（本文 286-287 頁）
HTML 版：http://warp.da.ndl.go.jp/info:ndljp/pid/286184/www.mext.
go.jp/b_menu/houdou/17/06/05060903/038.pdf

文部科学省『平成 18 年版 科学技術白書』（本文 290-292 頁）
HTML 版：http://www.mext.go.jp/b_menu/hakusho/html/hpaa201601/
detail/1374189.htm

文部科学省『平成 19 年版 科学技術白書』（本文 298-299 頁）
HTML 版：http://www.mext.go.jp/b_menu/hakusho/html/
hpaa200701/077.htm

文部科学省『平成 20 年版 科学技術白書』（本文 222-223 頁）
HTML 版：http://www.mext.go.jp/b_menu/hakusho/html/
hpaa200801/08060518/072.htm

文部科学省『平成 21 年版 科学技術白書』（本文 213-214 頁）
HTML 版：http://www.mext.go.jp/b_menu/hakusho/html/hpaa200901/
detail/1283433.htm

文部科学省『平成 22 年版 科学技術白書』（本文 92-96 頁）
HTML 版：http://www.mext.go.jp/b_menu/hakusho/html/hpaa201001/
detail/1296404.htm

文部科学省『平成 23 年版 科学技術白書』（本文 55-60 頁）
HTML 版：http://www.mext.go.jp/b_menu/hakusho/html/hpaa201101/
detail/1311130.htm

文部科学省『平成 24 年版 科学技術白書』（本文 243-245 頁）
HTML 版：http://www.mext.go.jp/b_menu/hakusho/html/hpaa201201/

detail/1323120.htm

文部科学省『平成 25 年版 科学技術白書』（本文 285-287 頁）

HTML 版：http://www.mext.go.jp/b_menu/hakusho/html/hpaa201301/
detail/1338270.htm

文部科学省『平成 26 年版 科学技術白書』（本文 302-305 頁）

HTML 版：http://www.mext.go.jp/b_menu/hakusho/html/hpaa201401/
detail/1349688.htm

文部科学省『平成 27 年版 科学技術白書』（本文 281-284 頁）

HTML 版：http://www.mext.go.jp/b_menu/hakusho/html/hpaa201501/
detail/1359742.htm

文部科学省『平成 28 年版 科学技術白書』（本文 279-281 頁）

HTML 版：http://www.mext.go.jp/b_menu/hakusho/html/hpaa201601/
detail/1374189.htm

参 考 資 料

科学研究費補助金・基盤研究（Ｃ）調査

「大学・研究機関の広報のあり方に関するアンケート調査」

質問票

ご回答にあたってのお願い

1. ご回答いただいた内容は、全て統計的に処理させていただきます。個別の大学・大学・研究機関名・個人名は一切公開いたしません。

2. ご記入後は、本アンケート調査票を、同封の返送用封筒で **3 月 15 日（月）** までにご投函下さいますよう、お願い申し上げます。

3. ご回答は選択肢番号について〇を付けて下さい。それ以外の質問については自由に御記入下さい。

　　なお、ご回答の順序は質問の後の⇒の指示に従って下さい。⇒の指示が無い場合には、すぐ下の質問に移って下さい。

4. ご回答は、各設問とも、貴大学・研究機関として定まった見解がある場合にはそれをお答え下さい。特に無い場合には**あなた様ご個人のお考え**をお聞かせ下さい。

　本調査について、ご質問、ご不明な点がございましたら、下記担当者まで遠慮なくお問い合わせ下さい。

問い合わせ先：担当　小林　俊哉（こばやし　としや）

　　　　　　　富山大学　地域連携推進機構　特命教授

〇アンケート調査結果を差し上げます。御送り先を下記にご記入下さい。

貴大学・研究機関名		お名前	
所属部門名・役職			
御住所・電話番号	〒　　　－　　　　　　　　　　TEL　　（　　　）		

設問1　貴大学・研究機関では、専任の広報担当者を任命していますか。以下の選択肢から1つ選んで番号に○を付けて下さい。

　　　　　　　1　はい　　　　　　2　いいえ

設問2　貴大学・研究機関では、独立した広報部門を設置していますか。以下の選択肢から1つ選んで番号に○を付けて下さい。

　　　　　　　1　はい　　　　　　2　いいえ

設問3　広報担当者の職種は何ですか。以下の選択肢から1つ選んで番号に○を付けて下さい。

　　　　　　　1　事務職　　2　研究職（大学等の場合、教員を除く）　　3　教員

設問4　本アンケート調査の趣意書に記述した、第3期科学技術基本計画の第4章2の「研究者等と国民が互いに対話しながら、国民のニーズを研究者等が共有するための双方向コミュニケーション活動であるアウトリーチ活動を推進する」とする政府の方針を知っていますか。以下の選択肢から1つ選んで番号に○を付けて下さい。

　　　　　　　1　方針と内容を良く知っている
　　　　　　　2　聞いたことはあるが、内容は知らない
　　　　　　　3　良く知らない
　　　　　　　4　全く聞いたことがない

設問5　あなた様は、所属されている大学・研究機関内の研究開発活動等の情報をどのように収集されていますか。以下の選択肢から1つ選んで番号に○を付けて下さい。

　　　　　　　1　研究者等の自己申告によって情報を収集している
　　　　　　　2　広報担当者が定期的に研究者に問い合わせを行っている
　　　　　　　3　定期・不定期に開催する広報に関する情報収集の場（広報委員会等）で、まとめて情報収集を行っている
　　　　　　　4　その他（下記の空欄にご記入下さい）

設問6　あなた様の情報収集について、研究者の皆様は協力的ですか。<u>以下の選択肢から1つ選んで番号に○を付けて下さい。</u>

　　　　1　たいへん協力的である
　　　　2　協力的である
　　　　3　あまり協力的でない
　　　　4　協力的でない
　　　　5　わからない

設問7　貴大学・研究機関の広報部門と新聞社、雑誌社、テレビ局、ラジオ局等の報道機関との連携は密接に行われていますか。<u>以下の選択肢から1つ選んで番号に○を付けて下さい。</u>

　　　　1　たいへん密接に連携している
　　　　2　密接に連携している
　　　　3　あまり密接に連携しているとはいえない
　　　　4　密接に連携しているとはいえない
　　　　5　わからない

設問8　新聞やテレビ等マスメディアに報道された貴大学・研究機関の記事等のモニタリングを定常的に実施し、その報道内容や報道量の把握をされていますか。<u>以下の選択肢から1つ選んで番号に○を付けて下さい。</u>

　　　　1　定常的にモニタリングし把握している　⇒設問9に進んで下さい。
　　　　2　定常的ではないが、時々モニタリングし把握している　⇒設問9に進んで下さい。
　　　　3　把握していない　⇒設問10に進んで下さい。
　　　　4　わからない　⇒設問10に進んで下さい。

設問9　設問8で「1」か「2」を選択された方にお尋ねします。その把握された報道内容や報道量の傾向を、貴大学・研究機関の広報戦略立案にあたって参考にされていますか。<u>以下の選択肢から1つ選んで番号に○を付けて下さい。</u>

　　　　　1　はい　　　　　2　いいえ

設問 10　貴大学・研究機関の広報戦略を立案するにあたって、貴大学・研究機関の経営を担う意思決定者（例えば学長、副学長、理事等、研究機構長、研究所長等）は強く関与されていますか。<u>以下の選択肢から 1 つ選んで番号に○を付けて下さい。</u>

   1　組織内に設置された広報委員会や広報部会等に経営層が参加し強く関与している
   2　組織内には特に広報委員会や広報部会等は設置していないが、経営層への広報部門担当者による説明や意見交換の機会は担保しているので、経営層の関与はなされている
   3　広報戦略立案にあたっては、経営層の関与は強いとはいえない
   4　わからない

設問 11　貴大学・研究機関の広報部門では、もしも組織内で何らかの不祥事が発生し、マスメディア等に発表の必要が生じた場合、あるいは報道された場合の危機管理のための施策を日頃から用意されていますか。<u>以下の選択肢から 1 つ選んで番号に○を付けて下さい。</u>

   1　危機管理の担当者の任命やマニュアル等の準備を行っている
   2　危機管理対策の整備を現在進めている
   3　現時点では危機管理の整備は行っていないが、今後進める予定である
   4　特に危機管理のための施策の整備は行っていない
   5　わからない

設問 12　貴大学・研究機関の広報担当者はどのように選抜し任命されていますか。<u>以下の選択肢から**いくつでも**選んで番号に○を付けて下さい。</u>

   1　事務職員から広報担当者を任命している
   2　企業や他大学・研究機関等の広報業務の経験者を中途採用して任命している
   3　広報等を専門分野とする研究者を中途採用して任命している
   4　大学等の「科学コミュニケーター養成プログラム（**頁下の注 1 参照**）」の修了者を採用し任命している
   5　その他（下記の空欄にご記入下さい）

（注 1）科学コミュニケーター養成プログラムの具体例としては、「北海道大学・科学技術コミュニケーター養成ユニット」、「早稲田大学科学技術ジャーナリスト養成プログラム」、「東京大学科学技術インタープリター養成プログラム」等があります。

設問 13　貴大学・研究機関の広報担当者の研修等はどのようになされていますか。
　　　　　以下の選択肢から**いくつでも**選んで番号に○を付けて下さい。

　　　　　　1　組織内で研修プログラムを作成し実施している
　　　　　　2　外部の研修プログラムに派遣している
　　　　　　3　大学等の「科学コミュニケーター養成プログラム（**前頁の注参照**）」に派遣または受講させている
　　　　　　4　研修等は特に行っていない
　　　　　　5　その他（下記の空欄にご記入下さい）

設問 14　あなた様のご意見をお聞かせ下さい。貴大学・研究機関の広報活動の内、
　　　　　あなた様の職務としてどこまでの範囲をお考えになっていますか。
　　　　　以下の選択肢から**1つ**選んで番号に○を付けて下さい。

　　　　　　1　組織全体の行事や公式発表等の広報業務
　　　　　　2　個別研究者や個別研究室の研究成果等の広報業務
　　　　　　3　上記1と2の両方
　　　　　　4　その他（下記の空欄にご記入下さい）

設問 15　あなた様のご意見をお聞かせ下さい。貴大学・研究機関の広報活動の方
　　　　　法としてあなた様が重視されているものは何ですか。以下の選択肢から
　　　　　いくつでも選んで番号に○を付けて下さい。

1　新聞、雑誌、テレビ、ラジオ、WEB ニュース等マスメディアへの記者発表やニュースリリース提供による記事掲載（いわゆるパブリック・リレーション活動）
2　新聞、雑誌、テレビ、ラジオ、WEB ニュース等マスメディアへの広告掲載
3　貴大学・研究機関の WEB やメールマガジン等による情報発信
4　貴大学・研究機関の広報紙誌による情報発信
5　貴大学・研究機関の講演会やシンポジウム等による情報発信
6　組織内の研究者や研究室の協力によるサイエンスカフェ、サイエンスショップ、サイエンスキャンプ等の科学コミュニケーション活動
7　組織内の研究者や研究室の協力による出前授業・講義
8　その他（下記の空欄にご記入下さい）

設問 16　あなた様のご意見をお聞かせ下さい。貴大学・研究機関内の個別の研究者や研究室の研究成果や社会貢献活動等の実績の広報に、貴大学・研究機関の広報部門はどの程度、関与すべきとお考えですか。以下の選択肢から一つ選んで番号に○を付けて下さい。

1　個別の研究者・研究室の広報についても広報部門は注力すべき　⇒設問 18 にお進み下さい。
2　個別の研究者・研究室の広報については、当事者である研究者が推進すべき　⇒設問 17 にお進み下さい。
3　個別の研究者・研究室の広報については、ある程度の役割分担は必要だが、広報部門も研究者個人も共に努力すべき　⇒設問 18 にお進み下さい。
4　その他（下記の空欄にご記入下さい）　⇒設問 18 にお進み下さい。

設問 17　設問 16 で「2」を選択された方にお尋ねします。その理由は何ですか。以下の選択肢からいくつでも選んで番号に○を付けて下さい。

1　当大学・研究機関では、組織全体の広報と個別研究者・研究室の広報の役割分担がなされているため
2　組織内の個別の研究者・研究室の研究成果等の情報を収集することが困難であるため
3　組織内の個別の研究者・研究室の研究成果等は専門性が高いため、当事者である研究者自身でないと有効な広報が困難なため
4　広報部門の人的、予算的資源が限られていて組織内の細部に至る情報収集が困難なため
5　その他（下記の空欄にご記入下さい）

設問 18　あなた様のご意見をお聞かせ下さい。貴大学・研究機関における研究成果の情報発信、いわゆる「アウトリーチ活動（次頁の注 2 参照）」は、そもそも広報部門の仕事であるとお考えですか。以下の選択肢から一つ選んで番号に○を付けて下さい。

1　広報部門の仕事であると思う
2　個別の研究者の仕事であると思う
3　広報部門と個別の研究者が共同で役割分担をしながら取り組むべきと思う
4　わからない

設問 19 　「アウトリーチ活動」のもう一つの側面である、外部社会のニーズ（解決すべき社会的課題や技術的課題等）に関する情報を収集するための何らかの方策を推進されていますか。以下の選択肢からいくつでも選んで番号に○を付けて下さい。

1　特にそのような活動は行っていない
2　現在は行っていないが、今後は進めたいと考えている
3　サイエンスショップやサイエンスカフェなどの機会を設けて推進している
4　自治体（公設試等を含む）や官公庁との連携講座や連携協定等の機会や窓口を設けて推進している
5　学協会や産業団体等との包括協定等の連携の機会や窓口を設けて推進している
6　博物館、図書館、美術館、公民館等の文化教育施設との連携の機会や窓口を設けて推進している
7　隣接する自治体の生涯学習課、教育委員会、高校、中学、小学校等との連携の機会や窓口を設けて推進している
8　他大学、高専、独立行政法人等公的大学・研究機関等とのコンソーシアム等の連携の機会や窓口を設けて推進している
9　市民団体、NPO 法人等との連携の機会や窓口を設けて推進している
10 新聞社、雑誌社、テレビ局、ラジオ局等の報道機関と連携の機会や窓口を設けて推進している
11 その他（下記の空欄にご記入下さい）

設問 20 　設問 19 のような「アウトリーチ活動」のもう一つの側面である、外部社会のニーズに関する情報を収集するための活動は広報部門の仕事であるとお考えですか。以下の選択肢から一つ選んで番号に○を付けて下さい。

1　広報部門の仕事である
2　広報部門の仕事ではない、TLO や社会連携部門など他部門の仕事である
3　広報部門と他部門が連携して推進する仕事である
4　広報部門の仕事ではない、個別の研究者等の仕事である
5　わからない
6　その他（下記の空欄にご記入下さい）

（注 2）ここでは「アウトリーチ活動」は大学・研究機関・研究者と外部社会との双方向コミュニケーションを指すものと狭く定義させていただきます。

設問 21 あなた様のご意見をお聞かせ下さい。「アウトリーチ活動」が社会から求められる理由は何だと思われますか。以下の選択肢からいくつでも選んで番号に○を付けて下さい。

1 当大学・研究機関の社会における知名度を高めるため
2 優秀な若手研究者や学生等を確保していくため
3 公的研究助成（例えば科研費等）を得た場合の納税者への説明責任があるため
4 科学研究は社会的な問題の対策立案や解決を進める上で社会の期待に応えていく必要があるため
5 第3期科学技術基本計画に明示されたミッションに応えるため
6 大学・研究機関が立地する地域社会からの支持を高めるため
7 その他（下記の空欄にご記入下さい）

設問 22 最後に本アンケート調査について、御意見がございましたご自由に以下の欄にご記入下さい。

------設問は以上です、ご協力ありがとうございました。------

謝　　辞

本書は，筆者が執筆した博士論文が土台の一つになっている。博士論文の研究を進める上では，東北大学大学院工学研究科 長平彰夫教授より指導教員としての立場を超えて多大なご指導を賜った。本書は長平教授の励ましと御指導の賜物である。この場を借りて長平教授に厚く御礼を申し上げたい。併せて博士論文審査委員を担当して下さった，高橋信教授と須川成利教授にも御礼を申し上げます。また，長平教授をご紹介下さり，博士論文の執筆を薦めて下さり，本書の第7章で取り上げた科学コミュニケーションを応用した研究倫理教育の実践と研究の場をご提供下さった，九州大学大学院経済学研究院の永田晃也教授にも御礼を申し上げる。

本書の元々の着想は，2005年に当時筆者が在籍した北陸先端科学技術大学院大学で科学コミュニケーション事業の展開に参画した時点に遡ることができる。当時の事業を積極的に推進した，中森義輝名誉教授（2003年度から2007年度まで21世紀COEプログラム研究代表者），そして，当時大学院生の浅野浩央（現 日立製作所），樽田泰宜（現 日本原子力研究開発機構）両氏にも貴重な実践の場を共有させていただいたことを感謝したい。

本研究の推進に当たって，質問票調査に御協力いただいた国公私立大学及び公的研究機関の広報担当者の皆様にも貴重なお時間を頂戴したこ

とを御礼申し上げる。併せて九州大学の広報室の皆様と科学技術社会論概説を受講し質問票調査に御協力いただいた九州大学の大学院生の皆様とSTSステートメント・サイエンスカフェに御参加いただいた福岡市民の皆様にも御礼申し上げたい。

　また，本書の第3章と第4章で，データの利用を快く御許諾いただいた日本経営システム学会論文編集委員会の水上祐治委員長に改めてこの場を借りて感謝申し上げます。

　最後に，本書執筆に当たり，精神的な支えにもなってくれた家内に感謝したい。

　本書は直接には独立行政法人日本学術振興会の「令和元年度 科学研究費補助金 研究成果公開促進費（学術図書）」（課題番号：JP19HP5165）の資金援助を得て出版することができたものである。また，本書を完成させるための研究推進には様々な財政的支援を賜った。文部科学省，日本学術振興会・科学研究費補助金を始めとする以下の資金的援助があったからこそ，本書を完成させることができた。これらの財政支援に謹んで感謝の意を表するものであると共に出版にあたって多大な御支援をいただいた一般財団法人九州大学出版会の奥野有希様と一瀬麻里様に御礼を申し上げます。

・文部科学省「科学技術イノベーション政策における『政策のための科学』基盤的研究・人材育成拠点整備事業」（平成23年度開始，現在に至る）
・科学研究費補助金 基盤研究（C）「科学コミュニケーションを活用した研究倫理教育の研究」（平成27年度〜平成30年度）
・科学研究費補助金 基盤研究（C）「研究者・研究機関職員のアウトリーチ・スキル向上要件の研究」（平成23年度〜平成26年度）
・科学研究費補助金 基盤研究（C）「定量的研究機関評価・研究評価

のための「アウトリーチ指数」開発可能性の研究」（平成 19 年度～平成 22 年度）
・科学技術社会論学会　公益財団法人倶進会　柿内賢信記念賞（実践賞）助成　2008 年度

2019 年 8 月

小 林 俊 哉

事項索引

あ行

アウトリーチ活動, 17
いしかわ MOT スクール, 79
STS ステートメント, 95, 96
大阪大学 CO デザインセンター, 12

か行

科学技術基本法, ii, 15
科学技術コミュニケーター養成
　ユニット（CoSTEP）, 21
科学技術振興機構（JST）, 8
科学技術離れ, 7
科学技術理解増進事業, 7
科学コミュニケーション, 1, 2
科学コミュニケーション活動, 1
科学コミュニケーター, 3, 13
科学の公衆理解（PUS）, 5
学官連携協定, 78, 80
九州大学, iii, 65
行政刷新会議, 16, 27
クリスマス講演, 4
欠如モデル, 5, 20
研究不正, 24, 90
研究倫理教育, 93, 94
原子力資料情報室, 7, 27

広報戦略会議, 69
広報戦略推進室, 69
交流場, 85, 108
コンセンサス会議, 11

さ行

サイエンスアゴラ, 13, 14
サイエンスカフェ, 12, 81, 82, 83, 95
サイエンスコミュニケーター, 13
サイエンスショップ, 12
サイエンス ZERO, 9
事業仕分け, 16
自主講座「公害原論」, 7, 27
社会イノベーション事業, 77, 85
社会イノベータ, 85, 88
社会的ニーズ収集方法, 40, 75
STAP 細胞問題, 24, 89, 91
世界科学会議（ブダペスト会議）, 10
世界トップレベル研究拠点（WPI）,
　45

た行

第1期科学技術基本計画, ii
第3期科学技術基本計画, 17
第4期科学技術基本計画, ii
地域再生システム論（地域活性化シ

142 事項索引

ステム論), 79

な行

日本科学未来館, 8, 9

日本サイエンスコミュニケーション
協会 (JASC), 15

は行

ハイプ, 24

報知者, 4

北陸先端科学技術大学院大学, iv, 75

ま行

モニタリング, 32, 59, 60

ら行

ラッセル・アインシュタイン宣言,
i

ローカル・ナレッジ, 85

人名索引

あ行

青木保外志, 79

浅野哲夫, 75

荒畑寒村, 7

有賀雅奈, 20, 21

有川節夫, 68

石村源生, 29

石牟礼道子, 7

今泉勝己, 68

宇井　純, 7

ヴィッカリー.B.C, 4

ウィン・ブライアン, 5, 20

潮田資勝, 78, 81

梅本勝博, 20, 21

大隅典子, 95

大塚耕平, i

岡田小枝子, 25

小保方晴子, 91, 94

か行

加藤和人, 21

唐木順三, i

慶伊富長, 77

小林傳司, 10, 11

近藤修司, 79

さ行

酒井悌次郎, 78

坂野上淳, 25, 66

笹井芳樹, 91

佐藤　優, 69

澤田信市, 83

杉山滋郎, 25, 66

鈴木　章, 25

た行

高木仁三郎, 7

谷本正憲, 77

栃内　新, 66

な行

永田晃也, 24, 95

長平彰夫, 45, 55

中村征樹, 24, 83

野依良治, 17

は行

ハーバーマス・ユルゲン, 23

平川秀幸, 13

廣野喜幸, 5, 20

ファラデー・マイケル, 4

藤垣裕子, 5, 20

藤田良治, 21

藤村直美, 69

細川敏幸, 66

ボドマー・ウォルター, 5

ま行

松原弘明, 91

宮田景子, 21

毛利　衛, 9

守　真奈美, 20

森口尚史, 90

や行

山中伸弥, 17

ユヌス・ムハマド, 77

わ行

若松征男, 10, 11

若山照彦, 91

渡辺政隆, 25

〈著者紹介〉

小林 俊哉（こばやし　としや）

九州大学 科学技術イノベーション政策教育研究センター 准教授
東北大学大学院 工学研究科 博士課程後期 修了 学位：工学（博士）
早稲田大学大学院 社会科学研究科 修士課程修了

日経ピーアール，電通サドラー＆ヘネシー等の広告会社勤務を経て，1992
年から2002年まで財団法人 未来工学研究所において科学技術政策，環
境政策研究等に従事。2002年から2004年まで東京大学 先端科学技術研
究センターの特任助教授として先端科学技術研究戦略研究に従事。2004
年から2009年まで北陸先端科学技術大学院大学 科学技術開発戦略セン
ター助教授，准教授を歴任。2009年6月より富山大学 地域連携推進機構
特命教授を経て，2012年4月より現職。

科学技術社会論学会 理事。著書に『ロシアの科学者』（単著 東洋書店
2005年），『ラボラトリー＝スタディーズをひらくために—日本における
実験系研究室を対象とした社会科学研究の試みと課題』（伊藤 泰信 編 第
7章を執筆 JAIST Press 2009年）がある。

だいがく　しゃかい　むす　かがく
大学と社会を結ぶ科学コミュニケーション

2019年9月30日　初版発行

著　者　　**小林　俊哉**

発行者　　**笹栗　俊之**

発行所　　一般財団法人　**九州大学出版会**

〒814-0001 福岡市早良区百道浜3-8-34
九州大学産学官連携イノベーションプラザ305
電話　092-833-9150
URL　https://kup.or.jp/
印刷・製本／シナノ書籍印刷（株）

© Toshiya Kobayashi 2019
Printed in Japan　ISBN978-4-7985-0270-0